청소년들의 진로와 직업 탐색을 위한
잡프러포즈 시리즈 33

기쁨과 위안을 주는
멋진 직업
셰프

CHEF

기쁨과 위안을 주는 멋진 직업
셰프

유재덕 지음

청소년들의 진로와 직업 탐색을 위한 잡프러포즈 시리즈 33

TALK SHOW

요리사들은 행복을 파는 사람들이다.

– 미셸 브라스, Michel Bras –

새로운 요리의 발견이 새로운 별의 발견보다
인간을 더 행복하게 만든다.

– 앙텔므 브리야 샤바랭, Anthelme Brillat Savarin –

C·O·N·T·E·N·T·S

C·O·N·T·E·N·T·S

셰프 유재덕의 프러포즈

저는 대학에서 조리학이 아니라 식품공학을 전공했어요. 그런 이유로 호텔에 처음 입사해서는 주방 대신 일반 사무실에서 근무했죠. 그러다 주방에 갈 일이 생겼는데, 거기서 새하얀 조리복을 입고 머리에는 높다란 토크를 쓴 셰프를 보게 됐어요. 그 모습이 정말 멋져 보였죠. 매혹적인 자태의 디저트를 보고 요리의 아름다움에 흠뻑 빠지게 되었고요. 한동안 그 모습을 잊을 수가 없었고, 셰프가 되고 싶다는 꿈을 꾸게 되었어요. 바로 회사에 보직 변경을 요청해서 우여곡절 끝에 주방에 입성할 수 있게 되었죠.

이후 주방 생활을 하면서 가장 힘들었던 것은 몸이 아니었어요. 선배들이 주방에서 쓰는 용어를 하나도 알아듣지 못하는 것이 고역이었죠. 정말 답답해 미칠 노릇이었지만, 선배들은 더했을 거란 생각이 들었어요. 정신없이 바쁜 주방에서 저 같은 친구에게 업무 지시를 해야 하는 선배들 심정은 오죽했을까 싶었거든요. 한마디로 선배들에게 저는 고문관이었죠.

그 모양이었으니 칼은 잡아볼 수도 없었고, 심부름이나 주방 정돈을 하며 지냈는데요. 어느 날 선배들을 도와 뷔페의 음식을 차리러 가게 되었죠. 분주히 움직이던 선배가 갑자기 저에게 '실펜'을 가져오라고 하는 거예요. '실펜? 실펜이 뭐지? 가늘게 써지는 볼펜인가? 그게 왜 필요하지? 그건 아닐 거야, 그럼 실로 만든 프라이팬인가? 그런 게 있을 리가 있나!' 마치 만화의 말풍선처럼 제 머리 위에서는 오만가지 물음이 떠다녔어요. 어리둥절한 제 모습을 한심한 듯 쳐다보던 선배의 표정을 지금도 잊을 수가 없어요. 그날 선배가 가져오라고 한 것은 시트 팬Sheet Pan이었죠. 시트 팬이란 주방에서 식기 등을 담는 넓은 쇠 쟁반을 말해요. 세상에 시트 팬을 실펜이라고 발음하다니! 억울했지만 어쩌겠어요. 선배가 뭐라고 발음하든 알아들어야 하는 것은 제 몫이었죠.

사실 지금은 이렇게 웃으며 얘기할 수 있지만 당시에는 주방 용어를 알아듣지 못하는 것이 꽤 큰 스트레스였어요. 밤을 새우며 고민하고,

최선을 다해 보자 다짐을 했는데도 아침이면 출근할 용기가 나지 않아 셰프의 꿈을 접어야 하는 것이 아닌가 생각할 정도였죠. 만약 그때 『주방 은어·속어 사전』이나 『개떡같이 발음되는 주방 용어 총정리』 같은 책이 있었다면, 그 책이 얼마였든 일고의 망설임도 없이 구매했을 거예요. 전공자가 아니었기 때문에 선배의 가르침을 통해서든 책을 통해서든 어떻게든 많이 배우기 위해 그 시절의 저는 정말 열심히 책을 읽었어요. 그런 제가 조금은 기특해 보였는지 선배들도 서툰 저를 끝까지 참아주었고, 제가 적응해 나갈 수 있도록 도와주었죠. 지금까지도 그분들에게 고마움을 느끼고 있어요.

얼마 전에 신참 요리사 한 명이 새로 들어왔는데요. 다음날 식혜를 만들기 위해 엿기름을 준비해야 한다는 선배의 얘기를 엿들었나 봐요. 선배들에게 잘 보이고 싶었는지 새벽같이 주방에 나와서는 엿기름을 물에 잘 비벼 빤 후 물은 버리고 건더기를 통에 담아 두었더라고요. 엿기름은 건더기는 버리고 물을 쓰는 거잖아요. 기가 막히긴 했지만,

그 친구의 모습을 보면서 과거의 제가 생각나 웃지 않을 수가 없었죠. 후배들이 잘 몰라 당황할 때면 예전의 저 같기도 하고 왠지 짠한 느낌이 들어서 야단을 치기보다는 인내심을 가지고 설명해 주려고 애를 쓰는 편이에요. 마음은 그렇지만 계속 그런 일이 반복되다 보면 마치 도를 닦는 것만 같죠. 그러다 이러느니 차라리 책을 쓰면 어떨까 하는 생각이 들었어요. 책을 통해 하나하나 차근차근 알려주면 좋겠다 싶었죠. 그러던 중 잡프러포즈 시리즈의 출간 제안을 받았고, 흔쾌히 받아들였어요. 30년 전의 저처럼 꿈은 있지만 꿈에 한 발짝 다가가는 방법을 몰라 한없이 답답한 시절을 보내고 있을 젊은 셰프 지망생들을 위해 이 책을 썼어요. 저보다는 나은 셰프가 되길 바라면서 말이죠. 이 책을 읽고 언젠가 어엿한 셰프로 성장한 여러분과 주방에서 반갑게 만나기를 기대할게요.

2020년 6월 파불루머 유재덕 드림

첫인사

셰프 유재덕 – 유   토크쇼 편집자 – 편

🖪 먼저 자기소개 부탁드려요.

🖪 저는 신세계 조선호텔 서울에서 조리팀장으로 근무하고 있는 유재덕이라고 해요. 직책은 그렇지만 보통 총주방장이라고 불러요. 호텔 내에 있는 주방과 연회장을 총괄하며 책임지고 있는 자리죠. 문화재청과 함께 '대한제국 황실 서양식 연회 음식 재연행사'를 했고, 2018년 평창 동계올림픽에서는 연회 담당 헤드 셰프Chef를 하기도 했어요. 현재는 스포츠경향에서 〈파불루머 유재덕의 칼과 책〉이라는 독서 칼럼을 연재하고 있고요. 이 칼럼들을 모아 작년에 『독서 주방』이라는 책을 출간했는데요. 출간 이후 강연과 방송 출연 요청이 꽤 있어서 바쁘게 지내고 있죠.

🖪 이 일을 한지는 얼마나 되었나요?

🖪 제가 이 일을 시작한 게 1991년 12월이고, 지금이 2020년 4월이니 29년째 이 일을 하고 있네요.

🖪 셰프라는 직업을 선택한 계기는 무엇인가요?

🖪 처음 호텔에 입사했을 당시 저는 사무직이었어요. 입사 후 구매와 검수 일을 하면서 물건을 전해주기 위해 주방에 들어가게 되었는데요. 새하얀 옷을 입고 빵과 케이크를 만드는 사람들의 모습

저들처럼 주방 안에서 누군가를 위해 맛있는 음식을 만들고 싶어졌죠.

에 반해버리고 말았어요. 저들처럼 주방 안에서 누군가를 위해 맛있는 음식을 만들고 싶어졌죠. 기술을 제대로 배워두면 미래가 더 안정적일 것 같다는 생각도 들었고요. 확신이 들자 바로 인사과에 찾아가 직무를 바꾸고 싶다고 얘기했어요. 그랬더니 인사과장이 저를 좀 이상하게 쳐다보더니, 전공도 다른데 어떻게 요리를 할 수 있겠냐는 거예요. 저는 대학에서 식품공학을 전공했는데, 제 전공이 당시 하고 있던 구매와 검수 분야와 더 잘 맞는다는 것이었죠. 그런 얘길 들어도 열망은 쉽게 수그러들지 않았어요. 매일매일 인사과에 찾아가 요리를 할 수 있게 해달라고 귀찮게 굴었죠. 그랬더니 한 달 만에 손을 들고, 6개월 내에 요리사 자격증을 따오면 승낙해 준다는 거예요.

우선 독학으로 양식 요리사 이론을 공부했어요. 다행히 바로 합격했는데, 실기는 독학이 안 되니 학원을 다녀야 했죠. 당시 저는 5시 30분에 출근해서 3시 정도에 퇴근하는 새벽 근무를 하고 있었는데요. 3시에 퇴근을 하자마자 요리학원으로 강의를 들으러 갔죠. 학원에서 배운 것을 집에서 다시 만들어 보고, 선배들에게 이것저것 물어보며 연습을 했어요. 선배들이 예쁘게 봐줬는지 이런저런 요령들을 많이 가르쳐주었죠. 천신만고 끝에 6개월 안에 요리사 자격증을 땄고, 그 뒤로 이 일을 시작하게 되었어요. 이후 10년 정도는 눈물 젖은 빵과 함께하는 시간이었죠. 비전공자로서 호텔에서 요리를 한다는 게 쉬운 일은 아니거든요. 동료들이 저를 다른 부류로 보고 경계를 하기도 해서 잘 섞이지 못했어요. 저를 금방 포기하고 떠날 사람이라고 생각하고 배척한 것이죠. 실제로 많은 사람들이 요리사 사회에 적응하지 못하고 떠나거든요. 너무 힘들 땐 중간에 포기하고 싶은 생각도 들었지만 요리가 정말 좋아서 버텼어요. 그들 안으로 들어가 함께 어울리기 위해 굉장히 노력했고요. 그 노력 끝에 지금 이 자리에 와 있네요.

편 그전에는 요리에 관심이 없었나요?

유 아버님께서 사업을 하셨는데, 일의 특성상 좋은 음식점들을 많이 다니셨어요. 여러 식당과 그곳에서 일하는 사람들에 대해 어느 정도 알게 되면서 앞으로는 셰프가 유망 직종이 될 것 같다며 추천을 해주셨죠. 그런데 당시엔 그런 말을 들어도 와닿지가 않았어요. 요리에 별로 관심도 없었고, 제가 그걸 잘할 거라는 생각도 없었거든요. 그러다 앞서 얘기한 대로 주방에서 일하는 셰프의 모습에 반한 뒤, 인식이 완전히 바뀌었어요. 음식을 만드는 섬세한 손길과 주방에서 풍기는 맛있는 냄새가 너무나 매력적이라 요리의 세계에 흠뻑 빠지게 되었고, 접시에 아름답게 담아내는 음식들과 디저트를 보면서 셰프야말로 기술자이자 예술가란 생각이 들었죠.

편 이 직업을 프러포즈하는 이유는 뭔가요?

유 수많은 직업이 있지만 상대방을 즐겁게 해주고 위로를 주는 일은 그리 많지 않아요. 저희는 음식을 만들어 고객에게 제공하고 있는데, 생산에만 그치는 것이 아니라 한 끼 식사를 통해 즐거움과 위로를 주기도 하죠. 제 음식을 먹고 즐거워하는 모습을 보면 정말 보람돼요. 정성껏 만든 음식을 누군가 맛있게 먹어주면 기분이 정말 좋거든요. 가끔 고객들이 맛있는 요리 덕분에 함께 온 사람들과 좋은 추억 쌓고 간다는 얘기를 하곤 하는데, 그럴 때 행복감을 느끼고요. 이처럼 셰프는 일을 통해 사람들에게 기쁨과 위안을 주는 멋진 직업이라 자질만 충분하다면 꼭 추천해 주고 싶어요. 본인의 성격이 활동적이고, 손을 이용해 일하는 것을 좋아하며, 상대방을 배려하며 그들을 위해 음식을 만드는 게 즐거운 사람이라면 셰프라는 직업이 적성에 맞을 거라 생각해요. 그런 친구들이나 음식과 맛에 대한 호기심이 많고, 새로운 요리를 꿈꾸는 친구들에게 이 직업을 프러포즈해요.

천신만고 끝에 6개월 안에 요리사 자격증을 땄고,
그 뒤로 이 일을 시작하게 되었어요.

셰프의 세계

CHEF

편 하루 일과가 궁금해요.

유 보통 셰프들의 하루 근무 시간은 열두 시간 정도예요. 정해진 법정 근로시간이 있긴 하지만 조식부터 중식, 석식까지 음식이 어떻게 제공되는지 확인하다 보면 아침 7시 30분 즈음 출근해 저녁 7시 30분에서 8시 경에야 퇴근을 하게 되죠. 누가 시키거나 야근이 정해진 게 아닌데도 제가 맡은 일에 책임을 다하다 보면 그렇게 되더라고요.

우선 아침에 출근하면 영업시간 전에 레스토랑에서 제공할 음식들을 체크하고, 델리 같은 경우 빵이나 샌드위치, 샐러드 등이 제대로 진열되어 있는지 확인한 후 부족한 것들은 얘기해서 채워놓죠. 시설이나 위생 면에서 문제는 없는지 점검도 하고요. 제가 일하는 조선호텔의 경우 여섯 개의 레스토랑이 있는데요. 열두 시간 중 여섯 시간 정도는 이 여섯 군데의 상황을 체크하고, 음식의 간도 보고, 보완할 것이 있으면 담당자와 얘기를 나누며 보내게 되죠. 바쁠 때는 현장에서 함께 뛰기도 하고요. 나머지 여섯 시간 중 두세 시간은 미팅을 하고, 두 시간 정도는 사내 메일이나 타 부서의 요청을 확인하며 협업을 할지 정하죠. 중간에 한 시간 정도 점심을 먹으며

아침에 출근하면 영업시간 전에 레스토랑에서 제공할 음식들을 체크하고,
부족한 것들은 얘기해서 채워놓죠.

일련의 과정을 거쳐 하나의 메뉴가 나오게 되는데,
제가 각 과정들을 조율하는 업무를 하고 있어요.

Job
Propose 33

휴식을 취하고, 봐야 할 책이 있으면 짬짬이 시간이 날 때마다 독서를 하며 하루를 보내고 있어요.

편 아침 일찍 출근해 저녁 늦게 퇴근을 하면 식사는 어떻게 하나요?

유 아침 식사는 간단하게 시리얼이나 과일 등으로 해결해요. 셰프나 요식업에 종사하는 분들의 경우 고객들이 식사하는 시간에 일을 해야 하기 때문에, 점심은 일반적인 식사 시간보다 한 시간 일찍 먹고요. 셰프들은 식당을 다니면서 소스나 수프 등 여러 음식을 테스트할 때가 많은데요. 그렇게 음식을 맛보다 보면 정작 식사할 시간을 놓치거나 밥을 먹고 싶다는 생각이 사라지는 경우도 많죠. 그래서 보통 저녁은 집에 가서 먹게 돼요.

편 호텔의 경우 한식과 양식이 구분 없이 조리팀장 한 사람이 모든 식당을 총괄하고 있네요.

유 일식이나 중식, 특수 직종과 같은 경우는 주방장들에게 일임을 하고 있죠. 그렇지만 전체적인 흐름은 잡아주고 있어요. 회사의 방향을 제시하고 그에 맞게 메뉴를 정하도록 돕는 것이죠. 계절에 따른 메뉴, 신 메뉴 등을 함께 상의하고, 그 외 스케줄링이나 인력 관리에 관한 사항도 협의하고 있고요. 예를 들어 지금이 겨울이라고 한다면, 봄 메뉴를 정해야 해요. 요리도 패션처럼 한 계절 앞서 가야 하거든요. 지금은 봄이라 여름 메뉴를 개발하고 있는 중인데요. 개발 단계를 보면, 먼저 서칭을 하고 몇 번의 테스트를 거쳐 나온 결과물을 조율한 후 경영층에게 메뉴 피티를 해요. 오케이 컨펌이 나야 비로소 메뉴에 투입이 되죠. 그런 일련의 과정을 거쳐 하나의 메뉴가 나오게 되는데, 제가 각 과정들을 조율하는 업무를 하고 있어요.

셰프가 일할 수 있는 곳은 어디인가요?

편 셰프가 일할 수 있는 곳은 어디인가요?

유 셰프들은 주로 레스토랑이나 호텔에서 일하는데요. 최근 들어 셰프들이 일할 수 있는 곳이 굉장히 다양해졌어요. 일반 외식업체에서 근무하거나, 레스토랑에서 일한다고 해도 요리를 하는 것이 아니라 기획 파트를 담당하기도 해요. 저희 호텔만 해도 셰프로 근무하던 사람이 구매 파트로 가는 경우가 종종 있죠. 식재료에 대해 누구보다 잘 아는 것이 구매나 검수, 기획 업무에 도움이 되거든요. 나이가 들면 아무래도 신체 기능이 저하되기 때문에 상대적으로 몸을 덜 쓰는 구매 파트 등으로 이동하는 것 같아요. 연구소에서 일하는 셰프도 있죠. 요즘은 기업에서 라면 하나를 개발하든 간편식을 개발하든 셰프를 채용해 함께 연구하고 개발하거든요. 음식을 기획하고 연출하는 푸드코디네이터로 일하며 잡지사 등에서 근무할 수도 있어요. 본인의 관심과 실력, 열정에 따라 많은 길이 열려 있는 편이죠.

🔲 시간이 날 때는 어떤 일을 하나요?

🔲 평소 늦게 퇴근하는 날이 많아 시간이 날 땐 보통 가족들과 보내려고 해요. 그 외의 시간엔 인터넷을 통해 맛집을 검색하고 직접 가서 음식을 먹어보고요. 다른 사람들이 어떻게 요리하고 플레이팅 하는지 궁금하거든요. 셰프들에게 있어 연구 개발이란 게 여러 음식을 많이 먹어보는 것이잖아요. 맛집을 방문해 다양한 음식을 맛보고 접시에 담아내는 프레젠테이션을 보며 자기 것으로 만드는 것이죠. 어떤 사람들에게는 먹고 놀러 다니는 것처럼 보이지만, 사실 어떻게 소화하느냐에 따라 자기 실력이 되는 것이라 시간이 날 때면 여러 가지 종류의 음식을 찾아다니고 있어요. 국내뿐만 아니라 외국의 레스토랑들도 가보면 좋은데, 그러기가 쉽지 않기 때문에 인터넷을 이용하거나 책을 통해 자기개발도 하고 있어요. 아마존 등에서 요리 관련 서적을 구매하는 것도 제 즐거움 중 하나라 쉬는 날에는 인터넷 쇼핑도 종종 하죠.

🔲 요즘 주요한 관심사는 무엇인가요?

🔲 코로나19 바이러스로 인해 힘든 시기를 겪고 있는 만큼, 우리

는 왜 병에 걸리는 것인가에 대해 생각하는 시간이 많아졌어요. 옛말에 먹는 것이 우리의 신체를 구성하는 근본이 된다는 말도 있잖아요. 아무래도 요리가 업이다 보니 질병과 우리가 먹는 음식과의 연관성을 떠올리게 되었고, 면역력을 강화시키는 식재료는 무엇인지 생각했죠. 그리고 몸에 좋은 음식을 찾기 위해 관련 도서를 대여섯 권 구입해 읽어봤어요. 요즘은 책을 통해 알게 된 식재료로 어떤 음식을 만들면 좋을지 연구하며 연회 주방장과 함께 면역력 강화 메뉴와 식단을 짜고 있죠. 책을 읽고 느낀 건 면역력 강화에 좋은 식재료가 그리 대단한 것이 아니란 거예요. 우리가 일상에서 늘 먹고 마시는 것들이죠. 마늘이나 생강, 파, 토마토, 가지 등 다양한 색을 가진 채소와 과일들이 그 주인공이거든요. 평소에 늘 먹던 음식이지만 효능에 대해 알고 먹으면 면역력 강화에 더 도움이 되기에 고객들에게도 식재료에 대해 설명할 예정이에요. 알고 먹어야 효과가 더 좋거든요.

편 식재료의 효능뿐만 아니라, 함께 했을 때 맛이나 영양이 잘 어울리는 음식 궁합에도 신경을 쓸 것 같아요.

유 그렇죠. 음식이란 게 함께 먹으면 조화로운 것도 있지만 오히려 해로운 것도 있어요. 어떤 식재료의 경우 그 자체는 몸에 좋은

평소에 늘 먹던 음식이지만 효능에 대해 알고 먹으면 면역력 강화에 더 도움이 되기에
고객들에게도 식재료에 대해 설명할 예정이에요.

Job

성분을 가지고 있지만, 다른 재료와 만났을 때 해가 되는 성분으로 변하기도 하거든요. 여러 자료를 찾아보며 그런 조합을 확인하고 있죠. 그러면서 알게 된 것은 보통 제철에 나는 것을 쓰면 별다른 문제가 없다는 것이에요. 그래서 가능하면 수입 제품들은 꼭 필요한 경우에만 쓰고, 직원이나 주방장에게도 제철 식재료를 충분히 사용하도록 늘 강조하고 있죠. 철마다 나는 식재료 도감이 있는데, 직원들과 공유하면서 지금 시기에 나오는 것들이 두루 사용되고 있는지 체크하고 있어요.

편 식재료 구입 비용에도 제한이 있겠죠?

유 호텔 내 여섯 개 레스토랑의 전체 재료비가 있고 평균 재료비가 있어서 각 레스토랑은 그 평균에 맞춰서 구입을 해야 해요. 재료비가 매출의 30퍼센트를 넘어가면 안 되고요. 예를 들어 매출이 100만 원이라면, 식재료 구입비는 30만 원 이상을 넘기지 않는 것이죠. 그렇지만 레스토랑의 성격에 따라 다소 차이가 있는데요. 연회의 경우 평균보다 더 낮아야 하고, 일식당의 경우는 좀 더 높게 책정되죠.

철마다 나는 식재료 도감이 있는데, 직원들과 공유하면서 지금 시기에 나오는 것들이 두루 사용되고 있는지 체크하고 있어요.

편 매력은 무엇인가요?

유 저희들끼리 우스갯소리로 하는 얘기가 있는데, 우리는 어딜 가도 밥은 굶지 않는다는 것이죠. 저희와 같이 있는 사람들 역시 그렇고요. 어떤 상황이든 식재료만 있으면 웬만한 요리가 나오니까요. 집에서 전혀 음식을 만들지 않는 사람도 캠핑 같은데 가면 가족이나 지인들을 위해 요리를 하는 경우가 있는데요. 그럴 때 자신이 만든 음식을 맛있게 먹는 모습을 보면 대부분 뿌듯함을 느낄 거예요. 제가 정성껏 만든 음식을 먹고 즐거워하는 사람들의 모습을 보며 늘 뿌듯함을 느낄 수 있다는 것이 이 일의 가장 큰 매력이 아닐까 싶어요.

편 맛있는 음식을 만들어주면 가족들도 좋아하겠네요.

유 집에서는 거의 요리를 하지 않아요. 대부분의 셰프들이 그래요. 집에서까지 하면 동료들이 정상으로 보지 않죠.^^ 기계도 24시간 내내 돌리다 보면 고장이 날 수밖에 없잖아요. 저희들도 집에서는 쉬어야 하죠. 또 저희 집 주방에는 주방장이 따로 있거든요. 아내가 주방장 역할을 하고 있기 때문에 저는 마치 고객처럼 해 주는 음식을 먹고 있어요.

📝 남편이 셰프라 아내분이 요리를 하는데 신경을 많이 쓸 것 같아요.

👤 나쁜 품평을 했을 때는 제가 해 먹어야 되기 때문에 칭찬을 많이 해요. 집에서는 쉬고 싶은데 만약 맛이 별로라는 얘기를 해서 제가 요리를 하게 되면 쉴 수가 없잖아요. 아내가 한 음식이 제 입에 잘 맞기도 하고요. 세상에서 가장 맛있는 음식이 뭔 줄 아세요? 바로 남이 나를 위해 차려주는 음식이에요. 그렇게 생각하면 모든 가정에서 아내나 남편이 해 주는 음식이 이 세상에서 가장 맛있는 음식이 되는 것이죠.

📝 그럼 뭐가 먹고 싶다는 얘기도 안 하고 해 주는 대로 먹는 편인가요?

👤 짐도 들고 운전도 해야 해서 휴일이면 함께 장을 보러 가는데요. 그때 식재료를 고르면서 서로 의견을 나눠요. 아이들이 좋아하는 재료가 보이면 그걸로 뭘 만들자는 식으로 얘기를 하는 거죠. 그정도만 얘기하고 나머지는 모두 아내가 알아서 해요. 음식뿐만 아니라 주방에 관한 모든 것을 아내에게 일임하고 있죠. 20년 전쯤

신혼이었을 때, 아내가 처가댁에 간 적이 있었어요. 뭘 좀 먹으려고 냉장고를 열었는데 냄새가 나고 정리도 잘 되어있지 않아 아내가 오기 전에 일목요연하게 정리를 했어요. 사온 날짜를 보고 선입 선출할 수 있게끔 순서를 바꾸고, 고기와 생선은 밑으로 채소는 위로 옮겼죠. 고기나 생선은 해동이 되면서 물이 아래로 떨어져 2차 오염이 될 수 있기 때문에 아래에 보관하거든요. 썩은 재료는 버리고 청소까지 했는데, 그걸 본 아내가 좋아하지 않더라고요. 누가 정리해 달랬냐고 하면서 칭찬은커녕 원망만 해서 그 이후로는 마음에 들지 않는 부분이 있어도 절대 얘기하지 않아요.

📖 단점도 있나요?

👤 보통 화이트칼라라고 하는 오피스 근무자들과는 근무시간이 완전히 달라요. 호텔의 경우 새벽 근무도 있고 중간 근무, 야간 근무도 있죠. 나이트 시프트라고 아예 밤을 새는 근무조도 있고요. 호텔 특성상 언제든 룸서비스를 해야 하기 때문에 주방이 24시간 돌아가거든요. 이런 식으로 일하다 보니 셰프가 되고 나서 한 15년 정도는 거의 모든 경조사에 참석을 하지 못했어요. 친구들과는 생활 패턴이나 리듬이 맞지 않아 자주 보지 못하게 되었고, 만나는 사람이라곤 레스토랑 관계자나 다른 셰프들뿐이라 인간관계가 다소 편협해졌죠. 그게 단점이라면 단점이라고 생각해요. 그렇지만 모든 셰프가 그런 것은 아니고, 개인의 성격에 따라 극복하는 사람도 있겠죠.

인상 깊었던 고객이 있었나요?

편 주로 어떤 고객들이 방문하나요?

유 저희 호텔이 비즈니스호텔이라 주중에는 사업차 방문하는 비즈니스맨들이 많아요. 최근 들어 주말에는 호캉스를 즐기러 오는 분들이 많아졌고요. 주중과 주말의 고객층이 조금 다르죠.

편 인상 깊었던 고객이 있었나요?

유 가장 인상 깊었던 고객은 세계 3대 소프라노라 불리는 성악가 신영옥 선생님이세요. 신라호텔에 묵으시다가 조선호텔로 오셨는데, 여기가 더 편했는지 장기 투숙을 많이 하셨죠. 그분의 식성이나 요청사항 등을 레스토랑에 공지하고 식사에 불편함이 없게끔 직접 VIP 라운지로 올라가 체크를 했는데, 그러다 선생님과 마주쳐서 가볍게 인사를 했어요. 장기 투숙을 하다 보니 그날 이후로도 자주 얼굴을 보게 되면서 가벼운 이야기를 나누게 되었었는데요. 사람들을 대하는 매너도 좋고, 굉장히 밝고 긍정적인 분이더라고요. 늘 환한 얼굴로 요리에 대한 생각이나 한국 이야기, 외국 생활 중에 있었던 음식과 관련된 에피소드 등을 재미있게 들려주셨어요. 저 역시 제 얘기도 좀 하고, 제 책이 출간된 이후라 책도 드렸죠. 보통 저 정도로 유명한 사람이면 으레 까다롭지 않을까 했는데, 늘 소탈하고 겸손한 모습을 보이셨어요. 그런 성품 덕분에 저 위치까지 올라갈 수 있었겠단 생각이 들었죠.

만들기 어렵거나 까다로운 요리가 있을까요?

편 만들기 어렵거나 까다로운 요리가 있을까요?

유 저는 프렌치 요리랑 최근 등장한 분자 요리가 좀 어렵더라고요. 왜 어려울까 생각을 해 봤는데요. 요리라는 게 우선 공감이 되어야 그 맛과 느낌을 알고 그 이후에 응용이 되기 시작하거든요. 그런데 프렌치 요리의 경우 먹어볼 기회도 적었지만 가끔 맛을 보면 이상하게 저랑 잘 맞지 않는다는 느낌이 들었어요. 너무 정형화된 모습을 보면 조금 숨이 막히기도 했고요. 게다가 수 셰프Sous Chef가 요리하는 곳 중에는 모양만 좋고 맛은 잡히지 않은 곳이 많아 실망도 꽤 했죠. 그러다 파리에 가서 미슐랭 스타를 세 개나 받은 유명한 식당에 가서 음식을 맛봤는데, 거기서 맛있다는 느낌을 제대로 받았어요. 모양에 집중하면 맛을 놓칠 수도 있는데, 그곳은 셰프가 직접 나서서 지휘하며 모양과 맛을 모두 잡았죠. 굉장히 비쌌지만요. 그런 경험을 더 쌓으면 프렌치 요리에 대한 생각이 바뀔 수도 있겠지만, 아직까진 100퍼센트 이해하진 못하고 있어요. 분자요리 역시 저에겐 어려운 분야예요. 굉장히 창의적인 요리임에도 불구하고 이게 음식이 맞나 하는 생각이 들거든요. 한마디로 공감이 안 되는 거죠. 그런 생각 때문에 어렵기도 하지만 별로 선호하지 않게 되었어요.

편 그럼 선호하는 요리는 어떤 종류인가요?

유 편안하면서 계속 생각나는 요리, 먹고 힐링이 되는 요리를 선호해요. 제 요리가 그런 요리가 될 수 있도록 늘 노력하고 있죠. 부담 없이 또 먹고 싶은 음식, 힘들고 외로울 때 먹으면 힘이 나는 음식을 만들고 싶어요. 과거에 제가 할머니와 어머니의 음식을 먹고 힘을 냈던 것처럼 제 음식을 통해 고객과 소통하고, 그들에게 위로와 힘을 주고 싶은 게 제 바람이거든요.

부담 없이 또 먹고 싶은 음식, 힘들고 외로울 때 먹으면
힘이 나는 음식을 만들고 싶어요.

요리를 만들다 보면 문제가 생기는

경우도 있을 것 같아요.

편 요리를 만들다 보면 문제가 생기는 경우도 있을 것 같아요.

유 그런 경우가 많은데, 아무래도 가장 어려울 때는 새로운 메뉴를 개발할 때죠. 머릿속에서 구상한 것과 실제 만들어진 요리가 다를 때가 있거든요. 메뉴 개발에도 순서가 있는데요. 우선 식재료를 선정하고, 이 재료를 어떻게 요리할 것인지 요리법을 정해요. 그 뒤에 이 음식을 접시에 어떻게 담아낼 것인가 디자인을 구성하죠. 그후 도안을 잡고 맛의 방향을 잡으며 조정해 나가요. 코스별로 재료나 요리법이 겹치지 않도록 신경을 쓰면서요. 지난 시즌 메뉴와도 겹치지 않게 하고요. 그런 여러 과정을 거치다 보면 시간은 촉박해지고, 구상한 대로 나오지 않으면 스트레스를 받기도 하죠.

편 요리 외에 셰프로 일하면서 겪는 어려움이 있다면요?

유 총괄 셰프는 주방 전체를 책임지며 요리와 관련된 일뿐만 아니라 직원들의 다툼이나 안전사고 등이 발생하지 않도록 조직 관리도 해야 해요. 저희 호텔은 작은 주방 같은 경우 보통 10명 정도가 근무하고, 큰 주방 같은 경우엔 30명 정도가 근무를 하고 있는

아무래도 가장 어려울 때는 새로운 메뉴를 개발할 때죠.
머릿속에서 구상한 것과 실제 만들어진 요리가 다를 때가 있거든요.

데요. 앞서 얘기한 대로 레스토랑이 여러 개라 총 인원이 160여 명 가까이 되는데, 인원이 많은 만큼 크고 작은 사건사고도 많죠. 사고를 해결하는 것도 힘들지만, 문제가 발생하지 않도록 직원들을 잘 관리하는 것도 어려운 일이에요. 지휘와 감독이 잘 이루어지기 위해선 그들의 속내까지 알아야 하는데, 한 명 한 명 알아가려면 시간이 많이 걸리거든요.

편 어떤 음식을 먹고 나면 이 요리를 만드는 방법이나 과정이 바로 떠오르나요?

유 벤치마킹을 위해 레스토랑에 가는 일이 많은데요. 메뉴판을 보고 요리를 주문한 후 음식이 나오기 전까지 머릿속으로 상상을 해요. 이 메뉴를 어떻게 만들고 또 어떻게 담아냈을까 생각해 보는 거죠. 상상을 하며 기다리다 요리가 딱 나왔을 때 내가 생각했던 것과 비슷하면 퀴즈의 정답을 맞힌 느낌이 들어요. 맛을 보고 요리가 만들어진 과정을 떠올린다기보다는 그전에 메뉴만 보고 전체적인 요리의 특징 등을 상상하는 거죠. 어떤 맛일지도 생각해 보는데, 제가 상상한 것 외에 다른 맛이 더해졌다면 이 사람은 이런 것까지 생각했구나 하며 깨달음을 얻기도 해요. 셰프가 특별히 신경 쓴 부분이나 숨은 뜻, 위트 등을 알아채려면 그만큼 실력을 쌓아야겠죠. 아

지휘와 감독이 잘 이루어지기 위해선 직원들의 속내까지 알아야 하는데,
한 명 한 명 알아가려면 시간이 많이 걸려요.

는 만큼 보인다고 많이 먹어보고 음식에 대해 많이 연구해야 알 수 있거든요. 반대로 제가 만든 요리를 먹고 제 의도를 알아채는 분들이 있는데, 그럴 때 소통하고 있다는 느낌이 들어 기쁘죠. 손님 역시 그러한 경험에 만족하고 재방문해 주시기도 해요. 그분이 다시 오시면 저도 더 관심을 가지게 되고, 그러다 대화가 깊어져 셰프와 고객에서 친구 관계로 발전하기도 하죠.

훌륭한 셰프가 되려면
어떤 노력을 기울여야 할까요?

편. 훌륭한 셰프가 되려면 어떤 노력을 기울여야 할까요?

유. 셰프에게 가장 필요한 것은 바로 강인한 체력이에요. 그래야 주방에서 버틸 수 있거든요. 요리를 하게 되면 무거운 재료나 물건을 드는 일이 많고 장시간 서서 근무해야 하기 때문에 체력이 뒷받침되지 않으면 셰프로 일하기 어렵죠. 여자도 마찬가지예요. 외국에 연수를 가서 봐도 여자 셰프나 남자 셰프나 무거운 물건을 드는 일은 각자 해결하고, 급여나 처우에 차별을 두지 않더라고요. 셰프가 꿈인데 체력이 약하다면 운동 등 체력을 단련하기 위한 노력이 필요해요.

그다음으로 필요한 것은 정신력이에요. 어떠한 실수도 없이 수많은 음식을 빠른 시간 안에 생산하려면 강한 정신력은 필수죠. 한 시간 동안 몇 개의 음식을 온전히 내보내야 한다고 해 봐요. 그때의 주방은 마치 전쟁터를 방불케 하죠. 그래서 저희들은 전쟁이란 표현을 종종 써요. 실수로 인해 컴플레인이 들어오면 돈도 받지 못하지만 스트레스를 받기도 하는데요. 제시간 안에 음식을 제공해야 한다는 압박감과 고객의 컴플레인에서 오는 스트레스도 이겨

내야 하죠. 또 주방 안에는 서로 경쟁하는 기운이 감돌기도 하는데, 그런 분위기에서 버텨내는데도 강한 정신력이 필요하고요. 정신력의 경우 재능처럼 타고나는 부분이 있는가 하면 살면서 스스로 키우고 개선할 수 있는 부분도 있기 때문에 자신이 부족하다고 느낀다면 다양한 방법을 통해 개발하기 위한 노력을 해야겠죠.

마지막으로 얘기하고 싶은 건 호기심이에요. 체력과 정신력이 바탕이 되어 어느 정도 버틴다고 해도 호기심이 없으면 그 이상 올라가기가 힘들거든요. 이 일을 시작하고 수많은 어려움이 있었는데, 그때마다 좌절하거나 그만두지 않고 지금 여기까지 올 수 있었던 이유에 대해 생각해 봤어요. 답은 바로 요리가 정말 재미있고 제가 가보지 못한 요리의 세계가 궁금했기 때문이었어요. 저 음식은 어떤 맛일까, 쟤는 왜 저런 방식으로 요리했을까 등 음식과 요리에 대한 끊임없는 궁금증이 그 모든 시간을 참고 견디게 해 주었다는 생각이 들었죠. 호기심을 가지고 계속해서 연구하고 도전하는 자세를 가진 자만이 더 큰 발전이 있다고 믿어요. 세 가지 자질 중 부족한 것이 있다면 지금부터 키우기 위해 노력해 보세요.

체력과 정신력이 바탕이 되어 어느 정도 버틴다고 해도
호기심이 없으면 그 이상 올라가기가 힘들어요.

편. 요리 연습도 해야 되잖아요. 신입 직원들의 경우 주방에서 요리 연습을 할 수 있나요?

유. 아니요. 요리 연습은 개인 공간에서 해야 하죠. 호텔이나 레스토랑의 주방은 월급을 받으면서 일을 하는 곳이지 수강료를 낸 학원이 아니잖아요. 물론 메뉴에 대한 가르침은 있지만요. 가끔 회사의 명예를 높이기 위해 요리 대회에 출전하는 경우가 있는데, 그런 일이라면 주방에서 연습하는 것이 허락되고요.

편. 연습을 통해 맛을 내는 기술이 발전할 수 있나요? 손맛이나 절대 미각이라는 말이 있는데, 선천적으로 타고나야 하나요?

유. 선천적으로 탁월한 미각이나 손맛을 타고난 사람도 있지만, 후천적으로 개발되기도 해요. 저 역시 후자의 경우죠. 예민한 혀의 감각과 뛰어난 미각을 가진 사람이라 하더라도 그것을 잘 관리하고 발전시키지 못한다면 큰 성공을 이루기 어려워요. 오히려 평범한 감각을 가져서 처음엔 눈에 띄지 못하더라도 꾸준히 갈고닦는 사람이 결국 빛을 보게 되죠. 미각과 후각을 극대화하기 위해 굶는 사람도 있어요. 위장이 비고 배가 고프면 우리 몸의 감각이 예민해져서 미각과 후각이 극대화되거든요. 생존을 위해 본능이 살아나는 거죠. 어떤 셰프는 일주일에 하루는 굶으면서 위장을 비워내요.

하루 동안 굶다가 인체의 감각이 날카로워진 후 처음 맛보는 과일의 맛과 향은 굉장히 강력해서 자연히 기억하게 된다고 해요. 그런 식으로 훈련하는 사람도 있고, 과음이나 과식, 흡연을 피하는 사람도 있죠. 물론 유명한 셰프 중엔 흡연자가 있긴 한데, 그들도 요리 시간과 흡연 시간을 철저하게 분리해요. 하루 일과가 모두 끝나고 퇴근할 때 한 대 피운다든지 하는 거죠.

📖 애로 사항이 있나요?

👤 앞에서 언급했듯이 하루 중 쉴 수 있는 시간이 많지 않다는 게 가장 큰 애로 사항이에요. 출근하는 날은 하루 24시간 중 대부분을 근무하는 데에 할애하고 있어서 체력 소모가 많아 꽤 힘들거든요. 그래도 주 5일 근무를 하게 되면서 주말에 몰아쉴 수 있게 되어 덜 힘들어졌죠. 저처럼 호텔에 근무하는 직원들은 거의 주 5일 근무를 하고 있는데, 일부 작은 규모의 식당에서 근무하는 분들은 주 6일을 출근하기도 해요. 그런 경우 개인적인 일을 처리하거나 쉴 수 있는 시간이 부족해 더 힘들 수 있겠죠.

출근하는 날은 하루 24시간 중 대부분을 근무하는 데에 할애하고 있어서

체력 소모가 많아 꽤 힘들어요

편 스트레스는 어떻게 해소하나요?

유 셰프 개개인마다 스트레스를 해소하는 방법이 다를 거예요. 저 같은 경우 아무것도 안 하고 멍하게 있으면 몸의 긴장이 풀어지면서 스트레스도 풀리더라고요. 때론 요리책이나 영화를 보기도 하고, 화초를 가꾸며 시간을 보내기도 해요. 마음의 여유를 갖고 좋아하는 일을 하면서 스트레스를 푸는 거죠.

편 너무 힘들어 포기하고 싶을 때가 있었다고 하셨죠. 그런 순간들을 어떻게 이겨내셨나요?

유 직원들과 갈등이 있거나, 생각만큼 메뉴 개발에 진전이 없을 때, 개발한 메뉴에 혹평이 나왔을 때, 슬럼프에 빠질 때엔 좌절하기도 하고 다 포기 하고 싶단 마음이 들기도 해요. 특히 심혈을 기울여 만든 음식에 부정적인 비평이 따르면 내가 뭘 잘못한 걸까 계속 고민하게 되고, 자존심이 상해서 나쁜 마음이 들기도 하죠. 그럴 때는 심호흡을 하며 마음을 차분히 가라앉혀요. 우선 나쁜 생각을 비우고 시간이 흐른 후 다시 도전하면 된다는 마음을 먹으려고 노력하죠. 평정심을 찾으면 새로운 눈으로 메뉴에 접근해 보거나 직원들과 솔직한 평을 나누며 개선점에 대한 실마리를 풀어가요. 메뉴 개발이 더딜 때도 직원들과 얘기를 많이 하는 편이에요. 혼자만 생각하는 것보다는 내 생각을 말하고, 다른 사람의 생각을 듣는 것이 훨씬 좋죠. 그러면서 우연치 않게 좋은 아이디어가 나오기도 하거든요. 직원들이나 같은 업계에 있는 사람들과 대화하고 소통하며 생각을 나누다 보면 난항을 겪던 메뉴 기획도 순조롭게 진행되어 가죠.

📧 총괄 셰프가 새로 만든 요리에 부정적인 평가를 하기가 어려울 것 같은데요?

📧 그동안 쌓은 경력이 있기 때문에 터무니없이 맛없는 음식이 나오진 않아요. 그리고 평가라는 게 스타일에 변형을 주면 좋을 것 같다, 다른 포지셔닝이 더 적합할 것 같다, 이게 최선일까 하는 의견이 주로 직원들에게서 아선 댓금 같은 평가가 나오진 않죠. 혹 부정적인 평을 한다 해도 웬만하면 직설적인 화법을 사용하기보다는 어느 정도 가려서 얘기를 하고요.

편 혹평을 받으면 힘들다고 하셨는데, 고객들의 경우 어떤 식으로 음식에 대한 평가를 하는지 궁금해요.

유 먹고 나서 바로 직원이나 셰프에게 얘기하는 것은 아니고, 가끔 인터넷 댓글 등을 통해 혹평을 남기는 경우가 있어요. 친분이 있는 블로거들이 방문하면 음식을 드리고 의견을 듣기도 하는데, 그럴 때 다소 부정적인 평가를 받기도 하고요. 혹평이라곤 했지만, 사실 일반적으로 생각하는 가혹한 평가는 아니에요. 이건 좀 안 맞는 것 같다는 식의 평인데, 그런 말 한마디가 저희들에겐 깊이 꽂히기 때문에 개인적으론 혹평이라고 느끼는 거죠.

🔳 성취감을 느끼는 순간이 있나요?

🔳 두 달 전인가 후배가 너무 힘들다며 연락을 해 와서 그럼 밥 한 번 먹으러 오라고 했죠. 며칠 후 저희 호텔 중식당에 와서 짬뽕을 먹고 갔는데, 짬뽕 한 그릇에 힐링이 되는 건 처음 있는 일이라며 문자를 보내왔더라고요. 따뜻하고 얼큰한 국물에 위로를 받았고, 짬뽕이 이렇게 맛있으면 다른 요리도 맛있을 거란 얘기도 덧붙였죠. 짬뽕을 먹고 저희의 실력에 대해 알았으면 다른 걸 먹어도 금방 알아챌 거라며 다시 한번 친구나 가족들과 오라고 했어요. 이렇게 음식으로 누군가에게 따뜻한 위로가 될 때 성취감을 느껴요. 셰프로서 맛있는 음식을 제공하는 건 당연한 일인데요. 거기에 더해 좋은 추억과 긍정의 에너지를 가지고 돌아갈 수 있게끔 위로가 되는 음식을 만들고 싶어요.

🔳 셰프님도 음식을 먹고 힐링이 된 경험이 있나요?

🔳 많은 셰프들의 경우 음식을 만드는 일을 하고 있지만 정작 자신의 밥은 잘 챙겨 먹지 못하고 있죠. 대게 식사시간에 일을 해야 하기 때문에 그전에 간단히 먹거나 굶거든요. 저 같은 경우 좀 예민

해서 밖에서는 맛이 없으면 먹질 않아요. 늘 음식 냄새를 맡고 맛을 보기 때문에 질려서 먹지 않는 때도 있죠. 일이 바쁘다 보면 먹고 정리할 시간이 애매해서 그냥 물 한 잔으로 식사를 대신할 때도 있고요. 제대로 먹은 것 없이 바쁜 하루를 보내다 영업이 끝나면 그때 공복감이 확 밀려와요. 그때 종종 먹는 음식이 라면이에요. 그 시간에 먹는 라면 한 그릇에 하루의 피로가 싹 풀리면서 힐링이 되죠. 거창하고 화려한 요리는 아니지만 생각나면 쉽게 만들어 먹을 수 있는 제 힐링 푸드예요.

🔲 정말 맛있어서 가는 식당이 있으세요?

🔲 그럼요. 제가 선호하는 식당은 맛은 기본이고 거기다 가성비가 좋고 친절하며 청결한 곳이에요. 저는 일할 때 위생에 신경을 많이 쓰고 있어요. 친절한 대응도 중시해 직원들에게 늘 교육하고 있고요. 그렇게 일하다 보니 맛있는 집도 비위생적이거나 불친절하면 가지 않죠. 음식을 만드는 사람이라면 주방의 청결과 위생을 지키는 것이 생활화되어 있어야 해요. 저희는 출장을 가게 되면 가장 먼저 공간을 확보하고 그곳을 쓸고 닦죠. 깨끗하지 않은 곳에는 절대 음식과 도구를 내려놓지 않아요. 안전한 상태가 됐다고 판단되면 그때부터 요리를 시작하죠. 누굴 위해 음식을 만들건 내 가족과

이웃, 사랑하는 누군가를 위해 요리한다는 마음으로 하고요. 저희는 돈을 받고 음식을 내주는 것이기 때문에 지불에 상응하는 가치 있는 요리가 되기 위해 노력해야 하죠. 제가 그런 식으로 일하고 있기 때문에, 맛도 맛이지만 고객에게 만족을 주기 위해 여러모로 애쓰는 식당에 가는 편이에요.

편 이 일을 꾸준히 해 나가는 원동력은 무엇인가요?

유 저는 연습생부터 시작해서 28년째 되는 날 총주방장이 되었어요. 요리 자체에 대한 재미가 없었다면 자격증도 없고 기술도 없던 연습생이 지금 이 자리에 서기는 어려웠을 거예요. 재미라는 강력한 요소 덕분에 앞만 보고 달려올 수 있었죠. 하나 더 얘기하자면, 오늘 이 레스토랑에 와서 정말 좋았다는 분, 맛있는 요리 덕분에 힐링이 되었다며 감사 인사를 하는 분들이 종종 있는데요. 그런 말에 오히려 제가 위로를 받고, 성취감을 느끼곤 해요. 그런데 이 칭찬이 약간 중독성이 있더라고요. 한 번 칭찬을 받으면 또 받고 싶어져요. 고객들에게 계속해서 좋은 반응을 얻고 싶다는 그 마음도 제 원동력이 되고 있죠.

오늘 이 레스토랑에 와서 정말 좋았다는 분, 맛있는 요리 덕분에 힐링이 되었다며
감사 인사를 하는 분들이 종종 있는데요. 그런 말에 오히려 제가 위로를 받고,
성취감을 느끼곤 해요.

Job
Propose 33

셰프를 꿈꿨을 때와 셰프가 되고 난 후
달라진 점이 있다면요?

🔲 셰프를 꿈꿨을 때와 셰프가 되고 난 후 달라진 점이 있다면요?

🔳 셰프가 되기 전에는 저만 열심히 노력하면 다 되는 줄 알았어요. 남들과의 경쟁에서 이기기 위해 무척 노력했고요. 그런데 셰프가 되고 나서 보니, 저 혼자만 잘 한다고 주방이 제대로 운영되는 건 아니더라고요. 셰프이자 동시에 주방이라는 조직을 운영해야 하는 사람으로서 부하직원들의 마음도 다독여줄 줄 알아야 하며, 나 혼자만의 성취가 아니가 직원들과 함께 발전해 나가는 것이 무엇보다 중요하다는 걸 알게 되었어요. 그들이 한 단계 한 단계 성장하며 성취감을 느낄 수 있도록 지원해 주는 역할을 해야 한단 걸 깨달았죠. 저 개인의 노력과 성취만을 생각하다 부서의 팀워크를 중시하며 성과를 향해 함께 나아가게 된 섬이 가장 큰 변화라고 할 수 있어요.

●
셰프이자 동시에 주방이라는 조직을 운영해야 하는 사람으로서 부하직원들의 마음도
다독여줄 줄 알아야 하며, 나 혼자만의 성취가 아니가 직원들과 함께 발전해 나가는 것이
무엇보다 중요하다는 걸 알게 되었어요.

Job

편 어떤 마음의 자세로 일하세요?

유 저는 이 호텔의 레스토랑이 제 소유라는 생각으로 일하고 있어요. 착각이라고 얘기하는 사람도 있지만, 여기는 내 레스토랑이고 여기서 일하는 사람은 모두 내 직원들이라는 마음으로 일하다 보면 보이지 않던 것들이 보이기 시작하죠. 식재료 하나하나에도 더 신경을 쓰고, 생산성을 높이기 위한 고민도 더 하게 되고요. 주인의식을 가지고 일하면 자연히 그렇게 되더라고요.

편 중간에 개업할 생각은 안 하셨나요?

유 전에 개업 제의가 있었지만 당시 목표가 총주방장이라 거절했었죠. 지금도 호텔의 셰프로 근무하는 게 좋아서 개업 생각은 없어요. 호텔 근무의 장점도 여럿 있고요. 하나만 얘기하자면, 저 같은 경우 메뉴 개발 파트에 10년 정도 있었는데, 같은 호텔 근무자라도 쉽게 보지 못하는 좋은 식재료를 많이 접하고 먹어볼 수 있었어요. 그걸로 다양한 요리도 시도해 봤고요. 요리를 좋아하니 그게 큰 이점이 되었죠. 나중에 개업하고자 하는 마음이 생겨도 당시의 경험이 큰 도움이 될 거라 생각해요.

요리를 만들 때 특히 신경 쓰는 부분이 있다면요?

아까도 말했지만 첫 번째는 위생이에요. 두 번째는 식재료고요. 저희들이 하는 얘기 중에 요리는 식재료가 7이고 기술이 3이라는 말이 있어요. 그만큼 식재료가 중요하다는 뜻이라 신선한 식재료를 선별하는데 신경을 많이 쓰고 있죠. 세 번째는 안전이에요. 주방은 날카로운 칼과 뜨거운 불이 있는 곳이라 요리를 하면서 다치지 않도록 안전에 신경을 쓰는 것도 중요해요.

주방은 날카로운 칼과 뜨거운 불이 있는 곳이라
요리를 하면서 다치지 않도록 안전에 신경을 쓰는 것도 중요해요.

셰프란

셰프라는 직업에 대해 소개해 주세요.

편 셰프라는 직업에 대해 소개해 주세요.

유 셰프는 요리사들의 요리사예요. 최상위 직급의 요리사를 셰프라고 얘기하거든요. 주방의 운영을 총괄하며 음식의 주문이나 장소의 관리, 메뉴 개발 등에 대한 책임을 지고 있죠. 저는 셰프라는 말 대신 음식가라는 명칭을 사용하기도 해요. 제 친구가 저를 위해 만들어준 말인데, 라틴어로 음식이라는 뜻의 파불룸Pabulum에다 er을 붙여서 파불루머 즉, 음식가라는 단어를 만든 것이죠. 셰프를 뛰어넘어 위대한 음식을 다루는 진정한 음식가라는 뜻이 마음에 들어 사용하고 있어요.

셰프가 총괄하는 조직을 보면, 가장 아래 연습생이 있어요. 유럽에서는 스타지Stage라고 부르고, 미국에서는 어프렌티스Apprentice라고 얘기하는데, 보통 기술은 없고 열정만 있는 사람들이나 학교를 갓 졸업한 사람들, 학교에서 실습을 나온 학생들이죠. 그 위로 쿡 헬퍼라고 요리사를 보조하는 요리사가 있어요. 그 위에 세컨드 쿡이 있고, 조직이 더 큰 경우 세컨드 쿡 전에 서드 쿡이 있는 경우도 있죠. 세컨드 쿡 위가 퍼스트 쿡, 그 위가 부주방장인 수 셰프, 그리고 마지막으로 가장 위에 셰프가 있어요. 식당이 여러 개 있는

셰프는 요리사들의 요리사예요.
최상위 직급의 요리사를 셰프라고 얘기하거든요.

경우 모든 곳을 총괄하는 셰프를 이그제큐티브 셰프Executive Chef라고 하고요. 단계가 많다 보니 셰프로 불릴 정도가 되면 연륜도 있고 다양한 경험도 있는 사람이라고 볼 수 있죠.

🈹 요즘 TV 예능 프로그램에 나오는 셰프들을 보면 젊은 분들이 많던데요?

🈵 외국의 경우 열네 살, 열다섯 살에도 요리를 하겠다고 마음먹으면 그 세계로 뛰어드는 친구들이 많아요. 당연히 요리는 못하고 접시부터 닦거나 식재료를 수령하는 밑바닥 일부터 하는 거죠. 맡은 일을 하면서 주방이 돌아가는 방식이나 요리가 만들어지는 과정을 어깨너머로 보다가, 때로 요리사들의 가르침을 받기도 하고요. 예능에 출연하는 셰프들도 열다섯 살 정도에 시작해 그때부터 20년 정도 차근차근 경력을 쌓고 서른다섯 살쯤 셰프가 되었다고 하면 그런가 보다 하겠어요. 그런데 우리나라의 경우 중간 과정이 다 생략되고 외국에 나가 학교 좀 다니고 레스토랑에서 2~3년 정도 요리를 배우고 와서는 셰프라고 하는 사람들이 많더라고요.

저도 외국에 나가 연수를 한 적이 있는데, 그때 제가 요리를 한 지 15년 차였어요. 그런데도 프라이팬 하나 잡지 못했죠. 배우러 온 사람한테 어떻게 요리를 맡기냐는 거였어요. 초반엔 구경만 하다가 오는 날이 많았고, 어느 정도 나가도 특별히 가르쳐주는 건 없고 알아서 배우라고 하더라고요. 요리사들을 보며 모든 걸 혼자 터득해야 했죠. 대부분이 그런 상황이라 잘해야 식재료 손질하는 게 다일 텐데, 그 사람들은 2~3년 동안 과연 그 식당에서 무엇을 했기에 셰프라고 하는 걸까요? 제가 볼 땐 외국에서 학교를 졸업하고 현지 식당에서 10년 이상은 경력을 쌓아야 그래도 뭔가를 좀 했다는 인정을 받을 수 있을 것 같아요.

편 셰프님처럼 연습생부터 시작해 총괄 주방장이 된 분이 또 있나요? 한 직장에서 그렇게 되기는 힘들 것 같아요.

유 많지는 않지만 있어요. 예를 들면 지금은 퇴직했지만 힐튼호텔의 박효남 셰프도 저와 같은 경우죠. 조선호텔의 이민 셰프는 해비치호텔 대표이사까지 오른 전설적인 인물이에요. 저의 요리 스승이신 소선호텔 조리 담당 상무 조형한 셰프는 신세계 그룹이 운영하는 여러 호텔의 주방 모두를 총괄하는 총 주방장이고요. 지금껏 이 자리를 지키고 있긴 하지만 한 직장에서 오래 근무하는 게 쉬운 일은 아니더라고요. 여러 가지 이유로 많이들 이직을 하잖아요. 저 역시 중간에 전직할 기회가 있어서 회사를 두세 군데 옮겨본 형님께 어떻게 하면 좋을지 상의한 적이 있는데요. 돈보다 더 중요한

게 인간관계이니, 인간관계를 포기하면서까지 받을만한 금액이면 옮기고 그렇지 않으면 남아 있으라고 하더군요. 그 충고를 받아들여 지금까지 근무하고 있죠.

편 호텔에 연습생으로 들어가는 것도 쉽지는 않아 보여요.

유 요즘은 특히 쉽지 않죠. 보통 학교에서 학점 부여를 하기 위해 레스토랑이나 호텔 등으로 실습을 보내는데요. 전에는 그런 학생들을 받아 실습을 시키는 일이 많았지만, 요즘엔 실습생을 선호하지 않아요. 추세가 많이 바뀌어서 학생보다는 오래 일할 비정규직 직원을 채용하고 싶어 하죠. 학생들의 경우 기본기를 가르치고 시간과 돈을 투자하더라도 단기간의 실습을 마치면 떠나잖아요. 게다가 떠난 자리에 다시 새로운 직원을 채용하려면 시간과 비용이 또 들기 때문에 회사 입장에서는 엄청난 손해거든요.

전에는 학생들을 받아 실습을 시키는 일이 많았지만,

요즘엔 실습생을 선호하지 않아요.

제가 볼 땐 외국에서 학교를 졸업하고 현지 식당에서 10년 이상은 경력을 쌓아야
그래도 뭔가를 좀 했다는 인정을 받을 수 있을 것 같아요.

편 요리의 종류도 소개해 주세요.

유 요리의 경우 나라별로 나눌 수 있겠죠. 한식이나 중식, 일식, 이탈리아 요리, 프랑스 요리, 베트남 요리, 태국 요리 등으로요. 그런데 한 나라의 요리라 해도 종류가 무궁무진하기 때문에 기능이나 조리법, 소비 계층, 지역 등으로 더 세분화해서 나눌 수 있어요. 예를 들어 한식의 경우 기능별로는 주식류와 부식류, 후식류로 분류해요. 소비 계층에 따라서는 궁중음식이나 반가음식, 종가음식, 사찰음식 등으로 분류하기도 하죠. 이탈리아 요리의 경우 베네토식, 토스카나식, 로마식, 나폴리식 등 지역에 따라 구분하기도 하고요.

편 조선호텔의 각 레스토랑은 어떤 음식을 만들고 있나요?

유 20층에는 일식당이 있고, 11층 로비에는 중식당과 이탈리아 식당, 뷔페 레스토랑, 델리가 있어요. 로비층에는 아메리칸 그릴 식당과 연회장이 있고요. 뷔페 레스토랑에서는 한식과 일식, 중식, 아메리칸 그릴, 인도 요리, 이탈리아 요리 등이 모두 준비되어 있죠. 다양한 종류의 음식을 만들기 때문에 근무하는 주방장이 따로 있어요.

편 요즘엔 어떤 분야의 음식이 인기가 많은가요?

유 이게 방송의 영향이 크더라고요. 전에 〈제빵왕 김탁구〉라는 드라마가 나왔을 때는 베이커리에 대한 관심이 높아지면서 과자나 빵, 케이크를 만드는 파티시에Patissier의 인기가 굉장히 높아졌죠. 한참 중식 셰프들이 방송에 나와서 이슈가 된 적이 있었는데, 그땐 중식의 인기가 높아졌고요. 인기란 그렇게 확 올라갔다 또 훅 가라앉는 것이라 셰프가 되고 싶다면 잠깐의 인기보다는 자신의 적성에 맞춰서 분야를 선택하는 것이 좋겠죠.

편 구체적으로 어떤 일을 하나요?

유 셰프는 매일 아침 일찍 출근해서 레스토랑의 식재료와 음식을 체크하고 생산과 관련된 일들을 점검해요. 개업 초창기라면 레스토랑의 전체적인 콘셉트와 메뉴 개발, 방향을 정하는 일을 하죠. 메뉴가 정해지면 요리에 대한 교육도 책임지고요. 거기다 직원 인사와 인건비, 재료비, 위생, 시설물 등의 관리까지 모두 총괄해야 해요. 서버들의 서비스 방법과 매너도 알고 있어야 하죠. 더 나아가 와인을 전문적으로 서비스하는 소믈리에Sommelier의 업무도 어느 정도는 파악하고 있어야 하고요. 레스토랑의 경영과 관련된 모든 일을 해야 하는 거죠. 자신의 식당을 경영하는 오너 셰프가 꿈인 학생도 있을 거예요. 그런 친구라면 요리 한 가지보다는 앞서 얘기한 것처럼 메뉴 개발, 인사 관리 등 다양한 일들까지 할 줄 알아야겠죠.

편 호텔 내에서 이루어지는 협업, 함께 일하는 이야기도 들려주세요.

유 제가 멘토로 삼고 있는 미국 레스토랑 기업의 최고경영자인 데니 메이어Danny Meyer 같은 경우 전문 셰프는 아니었지만 그런 만

●
서버들의 서비스 방법과 매너도 알고 있어야 하죠. 더 나아가 와인을 전문적으로
서비스하는 소믈리에의 업무도 어느 정도는 파악하고 있어야 하고요.

자신의 식당을 경영하는 오너 셰프가 꿈인 학생도 있을 거예요.

큼 실력 있는 셰프와 소믈리에와 협업하며 많은 레스토랑을 만들어내고 성공적으로 이끌었어요. 레스토랑도 그렇지만 호텔처럼 다양한 종류의 음식을 만들고 많은 수의 직원들이 근무하는 곳에서는 협업이 더욱 중요하죠. 저희 같은 경우 빵이나 디저트는 베이커리에서 만들고, 고기와 생선, 소시지, 햄 등은 부처 키친이라는 곳에서 전문적으로 생산을 하고 있는데요. 여기서 만든 것이 뷔페나 레스토랑으로 공급되니 원활한 협업은 필수죠. 음식을 지원하는 곳과 공급받는 곳의 소통이 잘 이루어져야 완성도 있는 메뉴가 나오니까요.

레스토랑도 그렇지만 호텔처럼 다양한 종류의 음식을 만들고
많은 수의 직원들이 근무하는 곳에서는 협업이 더욱 중요하죠.

셰프라는 직업의 역사가 궁금해요.

편 셰프라는 직업의 역사가 궁금해요.

유 직업의 유래에 대해 잘 몰라서 인터넷과 책을 통해 좀 찾아봤더니, 처음으로 불을 다루며 고기 등을 익혀 먹었던 사람이 최초의 셰프가 아니었겠냐는 얘기가 있더라고요. 그건 정확히 언제인지 알 수가 없으니, 기록에 나와 있는 최초의 셰프나 요리서 등을 더 찾아봤죠. 로마시대의 요리사 아피키우스Apicius가 쓴 『데 레 코퀴나리아』라는 열 권짜리 책이 현존하는 가장 오래된 요리서라고 하네요. 마침 한 달 전쯤에 추천을 받아 사놓은 게 있어서 읽어봤는데, 고대 로마 요리와 음식 문화를 소개한 책이었죠. 굉장히 오래된 책이지만 이탈리아 요리를 공부하는 사람들에겐 여전히 유용하다고 해요.

서양 요리의 경우, 이태리 요리가 먼저 발전했고 그게 프랑스로 전해지면서 이후 프랑스 요리가 더욱 발전하게 되었는데요. 그 시기에 앙토넹 카렘Antoine Careme이라는 요리사가 있었어요. 그는 나폴레옹 1세와 영국의 섭정 왕자 등의 요리사로 활동하며 하루 열여섯 시간씩 주방을 지켰다고 해요. 지금 우리가 알고 있는 프랑스 고전 요리의 형식은 앙토넹 카렘이 완성했다고 하죠. 이후 다음 세

대인 오귀스트 에스코피에Auguste Escoffier가 프랑스 요리의 체계를 갖추었고요. 에스코피에가 만든 주방의 조직이나 주방을 구분하는 방법은 현재에도 계속 쓰이고 있어요. 현대 요리의 기틀을 마련했다고 볼 수 있죠. 그런 이유로 많은 사람들이 그를 요리사들의 왕이라고 부르기도 해요.

우리나라에는 『조선무쌍신식요리제법』이라는 책이 있어요. 일제강점기 재야 지식인이었던 이용기 선생이 정리한 요리서로 조선의 신식 요리법을 기록한 책이죠. 변형되지 않은 100년 전의 한식 조리법을 그대로 담고 있어 우리 음식의 옛 모습을 알 수 있는 귀중한 자료이기도 해요. 옛 조리서의 경우 한자로 되어있는 것이 많아, 한글로 적힌 이 책은 읽기 쉬운 편이지만 당시와 지금의 단위가 달라 다소 난해할지도 모르겠어요. 전에 한식연회와 궁중음식 재현을 하면서 이 책도 참고했는데, 길이 등의 단위가 달라 고증을 하는 데에 시간이 꽤 걸렸거든요.

🔲 셰프는 어떻게 하얀색 조리복을 입게 되었나요?

🔲 주방은 위생을 철저히 해야 하는 공간이니 더러움을 가장 빨리 알 수 있는 하얀색 조리복을 입게 되었겠죠. 그런 이유 말고 조리복과 관련된 역사 속 이야기가 있는데요. 요리사들은 요리서를

직접 쓰거나 요리를 할 때 책을 보는 일이 많아 현자라는 인식이 있었는데, 왕이 볼 때 너무 똑똑한 사람은 골치 아픈 사람이라는 생각에 요리사들을 박해하기도 했어요. 왕가의 요리사들이 왕의 독살 사건에 휘말리면서 모함을 받은 적도 있었고요. 몇몇 요리사들이 박해와 모함을 피해 그리스 정교회에 숨어들었는데, 당시 교인들이 입었던 흰 가운을 입어 사람들의 눈에 띄지 않게 했대요. 그게 하얀색 조리복의 시초라는 얘기가 있죠.

편 요즘에는 검은색 조리복도 입더라고요.

유 그렇죠. 조리복에도 트렌드가 있어서 요즘은 검은색 조리복을 입는 사람도 많더라고요. 그렇지만 정통 호텔의 경우 아직까진 거의 하얀색 조리복을 입고 있어요.

편 예전에 썼던 왕관 모양 같은 셰프의 모자에도 의미가 있다고 하던데요?

유 그런 모자를 토크Toque라고 하는데요. 토크의 아랫부분에 주름이 있잖아요. 과거에는 셰프가 달걀로 할 수 있는 요리의 개수와 동일하게 토크의 주름을 잡았어요. 주름의 수로 셰프가 지닌 기술의 수준을 표현한 거죠. 연차나 직급에 따라 모자의 높이가 올라갔고

요. 주방에서는 모두 하얀색 조리복을 입고 돌아다니니 누가 셰프인지 알아보기가 어렵잖아요. 그때 가장 높은 모자를 보고 셰프가 어디 있는지 아는 거죠.

몇몇 요리사들이 박해와 모함을 피해 그리스 정교회에 숨어들었는데,
당시 교인들이 입었던 흰 가운을 입어 사람들의 눈에 띄지 않게 했대요.
그게 하얀색 조리복의 시초라는 얘기가 있죠.

편 남녀 비율은 어떻게 되나요?

유 저희 조선호텔의 경우 남성과 여성의 비율이 7:3이나 8:2 정도 되는 것 같아요. 베이커리처럼 섬세함을 요하는 쪽에는 여성들이 조금 더 많지만 전체적으로는 남성이 많죠. 아마 다른 외식 업계도 비슷하지 않을까 싶어요. 호텔조리학과 등 대학의 입학 비율을 보면 남녀가 비슷한데, 오래도록 일하는 사람을 보면 남성이 많더라고요. 아무래도 오랜 시간 서서 일해야 하고 무거운 식재료와 요리 기구를 반복적으로 들어야 하기 때문에 체력 문제로 인해 그렇게 된 것 같아요.

편 일식도 남성이 많은 분야죠?

유 네. 남성들의 체온이 여성보다 낮아 생선을 만지는 데는 남성이 더 적합하다고 하더라고요. 조금만 높아도 그 온도차가 생선에 미묘하게 전달이 된다고 하는데, 그게 정확한 이유라기보다는 그런 설이 있는 거죠. 일식의 경우 생선을 잡는 일이 많은데요. 사람의 한 끼를 위해서 생명을 없애는 작업을 계속 하다 보면 트라우마가 생기는 일도 있어요. 전에 송어 훈제를 한 적이 있었는데, 살아

있는 생선을 500마리 정도 잡고 나서 일주일간 트라우마에 시달렸어요. 내가 하는 이 일이 괜찮은 일인가 싶어 고민도 했고요. 그러다 어떤 책을 읽고 나서 마음이 많이 편안해졌어요. 모든 물질을 존중하는 마음으로 대하고 그런 마음가짐으로 살아내기 위해 생명을 취하는 것은 괜찮다는 글귀에서 위안을 받았거든요. 재미나 유희로 그러는 것이 아니기 때문에 용서받을 수 있다고 하는 말에도 위로를 받았고요. 그 글을 읽고 난 후에는 늘 생선이나 해산물을 잡기 전에 마음속으로 잘 가라는 기도를 해줘요. 육류 같은 경우 머리나 내장을 다 발라낸 도체가 오기 때문에 덜한데, 생선은 본인이 모두 손질을 해야 해서 그런 것 때문에 꺼리는 여성들도 있죠.

편 외국의 셰프와 다른 점이 있을까요?

유 제가 연습생을 하던 때만 해도 인터넷이 지금처럼 발달하지 않아 외국의 원서를 구입하는 일조차 쉽지가 않았는데요. 요즘은 워낙에 인터넷이 발달해 요리에 관한 것은 웬만하면 검색을 통해 다 찾아볼 수 있죠. 블로거들이 외국의 맛집 리뷰도 많이 올리기 때문에 관련 정보를 얻는 것도 어렵지 않고요. 정보에 대한 차이는 거의 없다고 봐야겠죠. 그렇지만 요리란 게 서양에서 먼저 발전시킨 분야라 환경에서 오는 갭이 좀 있어요. 현지에서 그 문화를 직접 느껴볼 기회가 적으니까요. 하지만 아까 말한 대로 정보에서는 별 차이가 없기 때문에 본인만 부지런하면 인터넷 등을 이용해 그런 갭을 줄여나갈 수 있겠죠. 환경만 좀 다를 뿐 하는 일 등에서 외국의 셰프와 다른 점은 거의 없다고 봐요.

편 대우도 비슷한가요?

유 대우는 상대적이에요. 실제 받는 연봉을 보면 우리나라에 비해 미국이나 유럽 쪽이 더 높지만, 대신 거긴 생활비가 많이 들어가거든요. 그런 걸 다 따져보면 삶의 질은 여기가 더 좋다고 하더라고요. 실제 후배 중에 배움에 대한 목마름으로 뉴욕에 있는 학교를 졸업하고 그 지역 식당에서 일을 하고 있는 친구가 있는데요. 잘 있냐고 안부 전화를 하면 늘 뭔가를 보내달라고 해요. 비싼 물가 때문이죠. 타지에서 상당 금액의 생활비를 감당해 가며 힘들게 살지만, 세계 문화와 경제, 식문화의 중심에 있다는 만족감으로 버티는 것 같아요. 그곳만의 장점은 있겠지만 생활비까지 고려한다면 연봉이 높다고 대우가 더 좋다고만은 할 수 없겠죠?

편 수요는 많은가요?

유 수요는 계속 있는데, 최근 들어 조리 관련 학과가 늘어나면서 공급이 약간 과잉된 것 같아요. 하지만 외식 인구는 점점 늘어나고 있기 때문에 크게 걱정할 부분은 아니라고 생각해요.

편 미래에도 필요한 직업인가요?

유 인류가 조리를 시작하면서 탄생한 원초적인 직업인만큼 우리가 살아있는 한 셰프는 반드시 필요하다고 생각해요. 최근 요리하는 로봇이 나오면서 미래에는 인공지능이 셰프를 대체하는 것이 아니냐는 얘기가 있었어요. 그런 의견이 있지만, 저는 인공지능이 하는 요리에는 분명 한계가 있다고 생각해요. 실제 샌프란시스코에 있는 한 레스토랑에서는 로봇이 햄버거를 만들고 있는데요. 고객이 태블릿을 이용해 햄버거를 주문하면 로봇이 설정된 온도로 패티를 굽고 조미료를 넣어요. 미리 썰어놓은 토마토와 양파를 얹고 계량된 소스를 뿌린 후 피클과 치즈를 넣어 완성하죠. 모든 재료가 정확하게 계량되어 있고, 요리법도 확실하게 명시되어 있어 맛이 일정하고 효율적이기 할 거예요. 생산성을 중시하는 기업에서는 로봇의 도입을 재고할 거고요. 하지만 모든 음식을 인공지능이 만들 수는 없다고 봐요. 대화를 통해 손님 한 명 한 명의 니즈를 파악하고 거기에 맞춰 요리를 하는 로봇이나 그날의 상황이나 고객의 선호도 등을 고려해 음식을 만드는 로봇은 없으니까요. 햄버거처럼 수치화된 레시피로 평균적인 맛을 내는 음식을 만드는 경우

생산성을 중시하는 기업에서는 로봇의 도입을 재고할 거고요.

하지만 모든 음식을 인공지능이 만들 수는 없다고 봐요.

인공지능이 도입될 순 있지만, 손님의 디테일한 니즈를 충족시키기 위해 매번 변화하는 음식을 만들어내는 인공지능 개발은 어려워 보이네요. 그렇다면 셰프는 미래에도 건재하겠죠?

편 전망에 대해 어떻게 생각하시나요?

유 외식 산업은 계속해서 성장 곡선을 그리고 있어요. 2019년 외식업 월평균 매출을 보면 그 규모가 15조에 이른다고 하죠. 더욱이 젊은 친구들에겐 외식이 일상적인 일이며, 소확행이나 나에게 주는 선물, 작은 사치라는 이름으로 특별한 한 끼를 찾아 나서는 일도 많아요. 또 많은 분들이 SNS 등을 통해 자신이 먹은 음식과 맛집에 대한 콘텐츠를 공유하고 있죠. 예전에는 미식 여행을 떠난다고 하면 유럽을 떠올렸잖아요. 이제는 우리나라도 한국의 맛이나 사찰 요리, 한식 코스 요리 등을 주제로 음식과 관련된 관광 상품을 개발해 해외 관광객을 유치하고 있고요. 일시적으로 경기를 탈 순 있어도, 외식의 일상화와 국민들의 식문화에 대한 관심 등 일련의 경향을 봤을 때 증가세는 계속 이어질 거라고 봐요.

소확행이나 나에게 주는 선물, 작은 사치라는 이름으로
특별한 한 끼를 찾아 나서는 일도 많아요.

셰프가 되는 방법

CHEF

셰프가 되려면 어떤 과정이 필요한가요?

편 셰프가 되려면 어떤 과정이 필요한가요?

유 셰프가 되는 방법은 여러 가지예요. 그중 정통 엘리트 코스를 밟는 방법이 있는데요. 엘리트 코스로 들어가기 위해선 우선 중학교에서 상위 5퍼센트 안에 들어 조리과학고등학교에 진학해야 해요. 3년간의 고등교육을 마치고 나면 일본이나 프랑스, 미국, 호주로 유학을 가던지 국내에 있는 대학의 조리학과에 입학해 요리를 배우는 것이 엘리트 코스죠. 남성의 경우 이후 조리병으로 군 복무를 하는 것이 추가될 수 있고요.

인문계 고등학교에도 특성화반이라고 해서 고등학교 3학년 때 1년간 요리를 배울 수 있는 기회가 있는데, 이를 이용하는 방법도 있죠. 이 경우 고등학교 졸업 후 전문대나 4년제 대학의 조리학과에 입학하거나 학원에 다니며 전문가 과정을 이수하고 조리사 자격증을 취득해요. 고등학교나 대학에서 전혀 요리 공부를 하지 않았더라도 학원에서 조리사 자격증을 취득한 후 경력을 쌓는 경우도 있고요. 셰프로 가는 길은 다양해요.

편 관련 대학을 졸업하면 따로 조리사 자격증을 취득하지 않아도 되나요?

유 대학은 자격증을 따기 위한 곳이 아니에요. 전문가가 되기 위한 교육을 하는 곳이죠. 학원 같은 경우 보통 자격증반에 들어가야 교육과 훈련을 받을 수 있기 때문에 자격증을 취득하고 있는 것이고요. 셰프가 되는 데에 자격증이 반드시 필요한 것은 아니지만, 인력을 채용하기 위해 이력서를 받다 보면 자격증도 고려 사항이 되긴 해요. 학점이 높거나 자격증이 있으면 학교생활을 착실히 했다고 보고, 학교생활을 착실히 한 사람이 조직생활도 성실하게 해낼 가능성이 높다고 생각하는 거죠.

편 어떤 과정을 거쳐야 호텔조리사로 입사할 수 있을까요?

유 먼저 앞서 얘기한 대로 대학의 관련 학과나 학원에서 기본 교육을 받아야겠죠. 이후 원하는 호텔에 지원하면 되는데요. 일반 레스토랑이 원하는 인재상과 호텔이 원하는 인재상이 조금 달라요. 호텔의 경우 일반 레스토랑보다는 대규모의 인원으로 구성되다 보니 조직생활에 잘 적응할 사람을 선호하죠. 예를 들면 과거에 속했던 조직에서 협업을 잘 해냈거나 사내 규정 등 룰에 익숙한 사람을 채용하고 있어요. 외국은 그쪽 나름의 세계가 구축되어 있기 때문에 간혹 유학을 다녀온 경우 조직 적응력보다 실력에 더 중점을 두고 채용하는 경우도 있고요.

인력 채용 시 어느 학교, 어느 지역 출신인지는 크게 중요하지 않아요. 그것보다는 그 학교의 선배들이 와서 어떻게 행동했는지가 더 큰 영향을 미치죠. 기본적으로 학교생활을 얼마나 열심히 했는지도 보고요. 어떤 이력서는 너무나 많은 학력과 경력으로 채워져 있는데요. 재주 많은 원숭이가 나무에서 떨어진다고, 이 사람은 도대체 뭘 하고 싶다는 건지 확실해 보이지가 않아 꺼리게 되는 경우도 있죠. 그렇지만 어느 정도의 경력은 반드시 필요해요. 어떤 일을 했고, 어떤 것을 할 수 있는지가 채용의 포인트가 되거든요. 원하는 곳에 들어가기 위해선 내가 어떤 경험을 했고, 어떤 걸 배우고 싶기 때문에 당신 호텔에 지원한다는 것을 계속 어필해야 해요. 근성과 간절함으로 면접관의 마음을 움직여야 하죠.

📕 전문대와 4년제 대학 중 선호하는 곳이 따로 있나요?

🟡 4년제 대학 졸업자의 경우 셰프가 되는 진로보다는 그 이외의 분야로 빠지는 경우가 많아요. 몇 년 더 공부하면서 새로운 것들을 접해서 그런지 요리 외에 다양한 분야로 진출하더라고요. 그런 이유로 전문대 졸업자를 채용해 훈련시키는 일이 많아요.

편 채용 시 실기 테스트도 하나요?

유 그럼요. 실기 테스트도 하죠. 그런데 한 번의 테스트로 사람을 평가하는 것이 쉽지 않아 요즘엔 외국의 시스템을 도입해 평가하는 경우가 많아요. 외국 시스템이란 게 실습이나 아르바이트 등의 형태로 얼마간 근무를 먼저 해 보는 거예요. 지원자의 입장에서는 이 회사가 나와 맞는지, 이 회사가 원활하게 운영되는지 체크할 수 있고, 회사의 입장에서는 지원자가 조직생활에 잘 적응하는지 등을 검증할 수 있죠. 평가가 좋으면 아르바이트 단계에서 비정규직 단계로 넘어갈 수 있어요. 거기서 경쟁을 뚫고 정규직 직원이 되기도 하고요. 경쟁이 치열하다 보니 버티지 못하는 사람들이 더 많지만요.

편 경쟁이 치열하다고 하셨는데, 평가가 어떤 식으로 이루어지는지 궁금해요.

유 어떤 요리를 하라고 미션을 주고, 직원들이 만든 요리를 저희가 평가하는 거죠. 그런 식의 정량 평가도 하지만, 그 사람의 성격이나 리더십, 자기희생 등의 정성평가도 해요. 저희 호텔의 인재상에 맞는 사람인지 보는 것이죠. 저는 하루 중 여섯 시간은 현장에서 근무하기 때문에 그 시간을 이용해 직원들이 어떤 성품을 가졌는지 세심하게 관찰하기도 해요. 레스토랑마다 주방장이 있으니 주방장들에게 얘기를 듣기도 하고요. 제가 봤을 때 좀 아니라고 느껴지는 사람인데, 주방장이나 다른 직원들도 그렇게 얘기한다면 그 사람은 걸러지는 거죠.

편 경쟁을 뚫고 정직원이 되었으니 이직률이 낮을 것 같아요.

유 얼마 전부터 정직원이 된 친구들에게 회사 배지와 사원증을 케이스에 넣어주고 있는데요. 치열한 경쟁을 통과하며 여러 단계를 거쳐 정직원이 됐기 때문에 사원증을 받으면 엄청난 프라이드가 생긴다고들 해요. 그렇긴 하지만 요즘 젊은 친구들은 본인이 판단했을 때 더 이상은 의미가 없겠다 싶으면 바로 그만두더라고요. 최소 2년 6개월의 긴 시간을 투자하면서 요리사로 길러냈는데, 그렇게 나가버리면 맥이 빠져버리죠. 사람이 한 명 빠지면 새로운 인력이 채워질 때까지 두세 달은 공백으로 가야 하는데, 현장에서는 한 사람만 부족해도 다른 직원들이 힘들어지기 때문에 고민스럽기도 하고요. 그런 일을 막기 위해 이 직원이 왜 나갔을까 생각해 보고 개선할 점이 무엇인지 고심하고 있어요.

편 실력이나 인성 위주로 평가한다니 외부의 압력이나 소위 말하는 낙하산 인사는 거의 없겠네요.

유 어느 조직에나 있을 수 있는 병폐인데, 경험상 낙하산으로 들어온 사람은 결국 문제를 일으키더라고요. 저는 이 호텔의 주인이라는 마음가짐으로 일하고 있기 때문에 그런 식의 인사로 인해 폐해가 발생하지 않도록 최대한 배제하기 위해 노력하고 있어요.

편 연습생이 되면 정말 접시 닦는 것부터 시작하나요?

유 경우에 따라 다르겠지만 보통 호텔 레스토랑에는 접시 닦는 사람이 따로 있어서 접시 대신 셰프들이 사용하는 스푼과 기물들을 닦는 것부터 시작하게 되죠. 그 후에 재료를 손질할 수 있고, 거기서 다음 단계로 올라가면 고기나 생선을 구울 수 있고요. 그다음으로 소스 전문 요리사인 소씨에Saucier가 되면 그때부터는 스톡부디 소스까지 담당하게 되죠. 소스가 요리의 기본이거든요. 소씨에 이후에는 작은 섹션의 주방장으로 갈 수 있어요.

🔲 6개월 만에 자격증을 취득하셨는데요. 준비하는 과정에서 가졌던 마음가짐이나 특별했던 자신만의 방법이 있다면 소개해 주세요.

🔲 저는 일을 하면서 자격증을 준비한 케이스잖아요. 덕분에 선배들에게 도움을 많이 받았어요. 많은 선배들이 음식을 만드는 것이 기본이지만 응시생들의 실력이 다 고만고만하니 마음가짐이나 절박함, 절실함을 어필하라고 충고해 줬죠. 자격증 시험 중 실기 테스트의 경우 오전과 오후로 나눠서 보는데, 저는 오후에 시험을 보게 되었어요. 그 얘길 했더니 오전에 미리 가 있으라고 하더라고요. 오전에 출제된 문제가 오후에도 나오니까 미리 가서 환기구에서 흘러나오는 냄새를 맡아보고 어떤 음식의 냄새인지 유추해 보라는 것이었죠. 알려준 대로 일찍 시험장에 가서 깡통 같은 걸 놓고 올라가 환기구에 코를 대고 냄새를 맡아봤어요. 달걀 냄새가 나더라고요. 그렇다면 달걀 요리나 소스를 만드는 게 아닐까 싶어 그 부분을 중점적으로 봤어요. 시험에 들어갔는데 정말로 그게 나와서 결과가 좋았죠. 선배들의 조언을 잘 따른 것이 제 비결이에요.^^

자격증을 취득한 이후에도 요리를 배우겠다는 절실한 마음과 노력은 계속 이어졌죠. 제가 요리를 배우기 시작할 때만 해도 지금처럼 책과 정보가 넘쳐나지 않았어요. 공부하다 궁금한 것이 있으

많은 선배들이 음식을 만드는 것이 기본이지만 응시생들의 실력이 다 고만고만하니
마음가짐이나 절박함, 절실함을 어필하라고 충고해 줬죠.

면 외국 셰프가 주는 레시피나 선배들의 말을 통해 해결했죠. 가르쳐 주는 것이 있으면 하나하나 다 받아 적었어요. 시키는 것은 다 했고요. 본인만의 노하우가 궁금해 물어보면, 그런 건 또 잘 안 가르쳐 주더라고요. 그럼 옆에서 자세히 보면서 관찰하다 잠깐 자리를 비우게 되면 기억했던 것을 노트에 쭉 적어나갔죠. 재료를 얼마만큼 넣었는지도 유심히 보고 나중에 그만큼을 저울에 넣어 달아봐요. 그다음에 선배가 같은 요리를 하게 되면 그만큼의 양을 미리미리 가져다주는 거죠. 그런 일이 반복되면 저에게도 해 보라고 기회를 줘요. 어느 정도 맛을 내기 시작하면 또 다른 것도 만들게 해주고요. 그렇게 신뢰를 쌓아가며 요리를 배웠죠.

제가 연수 다녀온 얘기 했었죠. 당시 비벌리힐스의 유명한 호텔 식당으로 연수를 갔는데, 어마어마한 비용을 지불했어요. 그런데도 셰프들이 아무것도 안 가르쳐줘요. 바쁘게 일하느라 거의 방치 수준으로 두더라고요. 아무것도 얻는 것 없이 돌아갈 순 없으니 일단 냉장고에 있는 모든 식재료의 사진을 찍었어요. 어떤 식재료를 쓰는지, 어떤 제품을 쓰는지 알기 위해서죠. 생크림 하나만 해도 여러 가지 종류가 있거든요. 그러고 나서 요리하는 걸 지켜봤어요. 주방장이 소스를 끓인다고 하면, 어떤 소스를 만드는지 물어보고 요리하는 방법을 스케치했죠. 양을 헤아려 각 재료가 얼마만큼 들어가는지도 적어두고요. 그런 식으로 배웠어요. 뭔가를 배워가겠다는 간절한 마음도 있었지만 당시 제가 15년 차라 주방이 돌아가는 상황을 뻔히 아니까 그런 방법이 가능했다고 생각해요.

청소년기부터 요리를 배우고
준비하는 것이 도움이 될까요?

편. 청소년기부터 요리를 배우고 준비하는 것이 도움이 될까요?

유. 그럼요. 아무래도 일찍부터 요리를 하다 보면 도구나 불, 식재료에 익숙해질 수 있겠죠. 저는 중, 고등학교 교육과정에 요리가 있는 것이나 특성화고등학교에서 전문적으로 요리를 가르치는 것이 좋더라고요. 일반 학생들에게서 요리에 대한 흥미를 이끌어낼 수도 있고, 다양한 체험의 기회를 주는 것이기도 하잖아요. 요리에 관심 있는 청소년들에게는 입시 등의 압박에서 벗어나 창조적인 일을 하며 더 밝게 성장할 수 있는 가능성을 열어주고 있고요.

편. 특성화고등학교에 입학하는 건 어떨까요?

유. 네. 좋죠. 그런데 조리고등학교의 경우 워낙에 인기가 많기 때문에 중학교 때 상위 5퍼센트 안에 들지 못하면 입학하기가 어려워요. 공부를 정말 잘 해야 하죠. 외국어 실력도 필요하고요. 영어는 기본이고 일식을 배우려면 일본어도 해야 하고, 중식을 배우려면 중국어도 해야 하죠.

편 조리고등학교가 많이 있어요?

유 가장 역사가 오래된 한국조리과학고등학교가 경기도에 있고, 부산이나 전남, 경북 등 각 지역에도 조리과학고등학교가 여럿 있어요. 한국조리과학고등학교의 경우 가장 먼저 설립되었고 교육과정이나 설비 등에 투자를 많이 했기 때문에 교육 수준이 높다고 해요.

편 유리한 전공이 있나요?

유 요리와 관련된 전공이라면 당연히 유리하겠죠. 조리학과 한 가지만 있는 것이 아니라 외식조리학과나 한식조리학과, 호텔조리학과 등 여러 가지 이름과 형태로 운영되고 있어요. 커리큘럼을 보면 대부분 한식부터 일식, 중식, 양식의 기본이 모두 들어가는데, 이것을 2년 안에 마스터하기는 쉽지 않아 보여요. 최소 3년 정도의 시간을 들여 공부해야 제대로 된 기본기를 갖추지 않을까 싶네요.

편 대학의 요리 관련 학과에 입학하려면 어떤 준비를 해야 할까요?

유 요리와 관련된 진로를 선택하고 싶다면 우선 학교에 있는 진학 상담사 선생님과 상담해 보는 것을 추천해요. 선생님과 함께 자신에게 맞는 곳을 추린 후 원하는 곳의 요건에 맞춰 준비를 해야겠죠. 성적을 중시하는 곳도 있지만, 어떤 곳은 성적보다는 면접 등을 통해 지원자의 역량이나 성장 가능성 등을 중점적으로 평가하기도 하거든요. 각 대학마다 입시 요강이 다르기 때문에 자세한 내용은 지원할 대학의 홈페이지에 들어가 확인해 보는 것이 좋아요.

편 실기 시험은 없나요?

유 대학 입시에서 실기 시험을 보지는 않아요. 보통 학생부와 면접으로 신입생을 선발하고 있죠.

편 경쟁률은 어느 정도인가요?

유 경쟁률이 꽤 높은 편이에요. 수도권에 있는 대학일수록 더 높고요. 그런 만큼 지인들에게서 아이의 입시나 진로 문제를 상담해 달라는 전화를 정말 많이 받아요. 그럴 때마다 우선은 자녀와 대화를 많이 나눠보라고 하죠. 얘기를 하다 보면 TV 드라마나 예능 프로그램의 영향을 받아 일시적으로 셰프가 되고 싶다고 하는 건지, 정말 요리가 좋아서 그러는 건지 알게 되겠죠. 막상 요리를 하면 TV에 나오는 스타 셰프처럼 매번 멋있는 모습만 보여줄 수는 없어요. 고된 업무와 긴 근무시간으로 인해 힘들어하는 사람들이 참 많죠. 진심으로 원하지 않으면 계속해 나가기 힘든 일이라 우선은 아이의 의지를 확인하고 시간이든 돈이든 투자를 하는 게 좋을 거라고 조언해 주고 있어요.

편 대학의 교육과정이나 수업방식이 궁금해요.

유 각 대학의 커리큘럼에 따라 다르겠지만 보통 조리 위생부터 조리 역사까지의 이론 교육과 실무 교육으로 구성되어 있어요. 실무 교육은 양식이나 한식, 일식, 중식이 중심이 되는데, 어떤 곳은 제과 제빵이나 떡 만들기 과정이 들어가 있기도 해요. 대부분은 대학에 소속된 교수가 수업을 담당하며, 특별한 분야의 경우 강사를 초빙하기도 하죠. 전공의 특성상 실습의 비중이 높은데, 학생들이 실습을 참 좋아한다고 해요. 자신이 만든 것의 결과가 바로바로 나오고, 결과물을 통해 만족감도 얻을 수 있으며, 또 만든 음식을 먹어볼 수 있기 때문에 그렇다고 하네요.

편 대학에서의 실무 경험이 실제 취업 후 도움이 많이 되나요?

유 교수진들 중에는 현직 셰프이면서 겸임으로 교수를 하고 있는 분들이 있는데요. 그런 교수에게서 배운 것들은 실제 많은 도움이 될 수 있겠죠. 대학에 있는 후배들 중 커리큘럼에 대해 고민하는 친구가 있어서 조언을 해준 적이 있어요. 유명한 스타 셰프의 레시피대로 만들어 보거나, 요즘은 미슐랭 바람이 불어서 많이들 관심이

특별한 분야의 경우 강사를 초빙하기도 하죠.
전공의 특성상 실습의 비중이 높은데, 학생들이 실습을 참 좋아한다고 해요.

있으니 그 음식을 주제로 강의를 해 보라고 했죠. 미슐랭 식당 음식 따라잡기 등으로 방향을 잡고, 그곳의 시그니처 메뉴를 만들어 보는 거예요. 메뉴 몇 개는 가르쳐 주고, 어떤 메뉴는 인터넷 검색을 통해 사진을 보여준 후 따라 해 보라고 하면 재미있어할 것 같았거든요. 트렌드를 읽는 기회가 될 수도 있고요. 나중에 들어보니 실제로 수업에 적용했는데 반응이 폭발적이었다고 해요.

📖 대학에서 강연을 한 적도 있으세요?

👤 저희 호텔의 경우 공식적인 행사 외에는 강연을 하지 못하게 규정하고 있어요. 조선호텔에 있다 보니 특강 요청이 많은데, 규정상 수락은 못하지만 조언이 필요한 사람들에게는 언제든 제가 아는 것, 제가 경험한 것들을 얘기해 주고 있죠. 지식은 혼자만의 것일 때보다 나눌 때 더 가치 있다고 생각하거든요.

학창 시절에는 어떤 준비를 하면 좋을까요?

편 학창 시절에는 어떤 준비를 하면 좋을까요?

유 방학을 이용해 요리학원에 다녀보거나, 사정이 여의찮으면 부모님을 도와서 저녁 밥상을 차려보는 것은 어떨까요? 요리라는 게 학교나 학원에서만 배울 수 있는 건 아니거든요. 생활 요리를 통해서도 충분히 배우고 익힐 수 있죠. 어렵게 생각하지 말고 숟가락과 젓가락, 그릇을 가져다 놓고 세팅을 하는 것처럼 생활 속에서 쉽게 접근할 수 있는 방법을 찾아 시작해 봤으면 해요. 식탁을 세팅하는 것도 상차림의 기본이거든요. 하다 보면 식재료나 조리도구, 요리에 대해 알아가는 것은 물론 부모님께서 매일 식사를 차려주는 것이 얼마나 힘든 일인지도 자연스럽게 느낄 수 있을 거예요. 어느 정도 주방 일이 익숙해지면, 본인이 짠 메뉴로 가족들을 위한 정성스러운 한 끼를 만들어 보는 것도 좋겠죠?

편 안전 문제를 걱정해 혼자 요리하는 것은 안 된다고 하는 부모님도 있을 것 같아요.

유 나이가 어린 경우 안전 문제 때문에 주방에 가지 못하게 하는 경우가 있는데요. 위험하다고 무조건 못하게 하는 것보다는 혹시

다칠 수 있으니 처음엔 옆에서 도와준다고 해 보세요. 함께 인터넷 검색을 통해 만들어볼 요리를 정하거나 장을 보는 것도 좋겠고요. 그런 과정을 통해 아이와 부모는 신뢰감이 형성되고 유대관계가 돈독해질 수 있죠. 아이는 부모를 본인이 하고 싶어 하는 일을 지지하고 도와주는 조력자라고 생각하게 될 거고요.

제 딸이 초등학생이었을 때 저에게 팬케이크를 만들 줄 아냐고 묻더라고요. 아빠가 셰프인데 당연히 할 줄 안다고 했더니, 그럼 같이 만들어 보자고 해서 그러자고 했어요. 일요일 아침에 일어났는데 준비를 다 해 놓고 저를 기다리고 있었죠. 함께 반죽을 하고 프라이팬에 구워 팬케이크를 만들고, 남은 재료로 크레페도 만들어 봤어요. 그런 시간을 갖자 평소엔 저랑 말도 잘 안 하던 아이가 제 주위에서 이런 얘기 저런 얘기를 하더라고요. 요리가 아이와 가까워질 수 있는 매개체가 되었죠.

🔲 경쟁력을 갖추려면 대학에서 어떤 활동을 하는 게 좋을까요?

🔲 학교에서는 기본기 확립을 위해 기초 조리 교육을 하고 있기 때문에, 방학이나 여유 시간을 이용해 독창적이고 차별화된 요리를 만들어 보거나, 특별히 관심 있는 분야의 음식을 만들어 보면 재미도 있고 실력도 쌓을 수 있겠죠. 지금은 요리 관련 서적도 많고

지금은 요리 관련 서적도 많고 레시피도 넘쳐나잖아요.
유명한 셰프들이 발간한 책을 보면서 레시피를 하나하나
정복해 보는 것도 괜찮을 것 같아요.

레시피도 넘쳐나잖아요. 유명한 셰프들이 발간한 책을 보면서 레시피를 하나하나 정복해 보는 것도 괜찮을 것 같아요. 자신만의 요리 프로젝트를 기획해 다양한 요리를 만들고, 그 과정을 블로그나 SNS에 올려 사람들과 공유한다면 좋은 경험이 될 거라 생각해요. 유명 셰프들이 운영하는 식당에서 근무해 보는 것도 도움이 될 수 있고요.

편 필요한 자격이 있나요?

유 요리 경력 혹은 조리사 자격증 외에 필요한 자격은 따로 없어요.

편 자격증에 대해 더 알려주세요.

유 조리와 관련된 자격증에는 한식조리기능사, 양식조리기능사, 일식조리기능사, 중식조리기능사, 복어조리기능사, 조리기능장 등이 있어요. 기능사의 경우 재료 관리와 음식 조리, 위생 관리에 대한 필기시험과 조리 실무와 관련된 실기 시험에 모두 합격해야 하죠. 기능장의 경우 공중 보건과 식품 위생, 관련 법규, 식품학, 조리 이론, 급식 관리에 대한 필기시험과 조리 실무와 관련된 실기 시험에 모두 합격해야 하고요. 시험은 1년에 두 번 시행되는 것으로 알고 있어요. 작년도 기능사 합격률을 보면 필기의 경우 40~60퍼센트인데, 실기는 30퍼센트 정도죠. 실기의 경우 열심히 연습하지 않으면 합격하기가 쉽지 않아요.

편 기능장은 기능사와 어떻게 다른 건가요?

유 조리 관련 자격 제도를 보면, 처음엔 분야별 기능사 자격만 있었는데 나중에 기능장 자격을 추가로 만들었어요. 기능사로 일하다 어느 정도 경력이 생기면 주방을 총괄하는 책임자가 되는데, 그런 사람들을 구분하기 위해서죠. 응시 자격에도 제한이 있는데, 예를 들면 기능사 자격을 취득한 후 7년이 지나야 하거나 순수 경력자의 경우 해당 분야에서 9년 이상 일한 경력이 있어야 해요. 기능장의 경우 실기의 합격률이 10퍼센트 정도로 꽤 낮은 편이에요.

편 자격증이 없으면 식당을 개업하거나 취업을 하지 못하나요?

유 일반 음식점의 경우 자격증이 없어도 영업 허가만 받으면 개업이 가능해요. 그렇지만 최근엔 영업 허가증과 더불어 자격증을 게시해 놓는 곳이 많더라고요. 손님들의 신뢰를 얻을 수 있다고 생각해 마케팅 도구로 이용하는 것이겠죠.

편 외국어를 잘해야 하나요?

유 한식만 하겠다고 한다면 외국어가 별로 필요 없겠죠. 그렇지만 양식이나 중식, 일식을 할 생각이라면 해당 지역의 언어도 공부하는 게 좋아요. 우리보다 식문화가 발달한 나라의 경우 음식의 수준은 물론 고객을 대하는 태도나 시스템까지 부러울 정도로 잘 갖춰져 있는데요. 그런 정보들도 디테일하게 얻으려면 국내에 번역되지 않은 책들까지 공부를 해야 하니 외국어가 도움이 되겠죠. 번역기가 잘 발달되어 있긴 하지만, 번역기를 돌리는 것이 시간을 잡아먹더라고요. 요리 서적의 경우 문장이 그렇게 어렵지는 않아서, 관련 용어를 익히고 공부만 좀 한다면 원서를 읽는 게 번역기를 돌리는 것보다 훨씬 편할 거예요.

📭 어떤 자질을 갖추어야 하나요?

🈌 앞서 셰프가 되기 위해 노력해야 할 점을 이야기하면서 체력과 정신력, 호기심에 관한 얘길 했었죠. 마찬가지예요. 셰프가 되려면 강인한 체력과 정신력, 끊임없는 호기심을 갖춰야 하죠. 거기에 새로운 것을 만들어낼 수 있는 창의성과 음식에 대한 열정을 가진다면 훌륭한 셰프로 성장할 거라 생각해요. 그런데 이 모든 걸 다 갖추고 시작하는 사람은 없어요. 나는 창의성이 없는 편이니 셰프가 되기는 어렵다고 생각하지는 마세요. 보통 창의성은 유전적인 요소라고 생각하는데, 부모로부터 그런 능력을 받았다 하더라도 환경 때문에 개발이 되지 못하는 경우도 있고, 후천적으로 개발하는 경우도 있거든요. 내가 부족한 부분은 더 노력해 채워가면 돼요. 저 역시 그렇게 하나하나 갖추며 여기까지 왔죠.

편 어떤 성격을 가진 사람들이 적합한가요?

유 음, 참을성이 있고 인내심과 끈기가 있어야 해요. 다 같은 말인 것 같네요.^^ TV에서 다 준비된 재료로 음식을 만드는 모습을 보면 뚝딱뚝딱 쉬워 보이죠? 실제 많은 양의 재료를 준비하고 만드는 과정은 그렇지가 않아요. 힘들고 고되죠. 그걸 참고 견딜 수 있는 사람이 이 일에 적합해 보여요. 주방은 많은 사람들이 함께 근무하는 곳이니, 직원들과 원만한 인간관계를 유지할 수 있는 부드럽고 너그러운 성품이면 좋겠고요. 사실 너무 힘들어 포기하고 싶거나 한계에 도달했을 때 보듬어주고 용기를 주는 사람들은 누구보다 상황을 잘 이해하고 있는 동료들이거든요. 평소 모난데 없이 둥글둥글 잘 지내왔다면 힘들 때 동료들의 따뜻한 위로를 받고 다시 일어설 수 있을 거예요.

🔲 유학이 필요한가요?

🔲 반드시 필요하지는 않지만, 다양한 경험을 위해서는 가보는 것도 좋겠죠. 특히 한식보다 외국 음식에 관심이 많다면 현지에서 직접 먹어보고 느껴보는 것이 큰 도움이 될 거라 생각해요.

🔲 셰프님도 연수를 다녀왔다고 하셨죠?

🔲 저는 공부할 당시엔 돈이 많지 않아서 유학은 가지 못했고, 셰프가 되고 난 후 호텔 프로젝트 때문에 연수를 간 적은 있어요. 새로운 레스토랑 론칭을 위해 한 달 동안 미국과 프랑스, 두 군데에 가서 공부를 했죠. 간절한 마음으로 간 연수라 잠자는 시간도 아껴서 아침 8시에 나와 저녁 10시까지 주방에만 있었어요. 몸은 만신창이가 됐는데도 새로운 환경에서 배우는 것들이 재미있더라고요. 회사에서 기대한 만큼 뭔가 가져가야 한다는 생각에 열심히 했던 것도 있고요.

🔲 외국에서 셰프를 하려면 어떻게 해야 하나요?

🔲 실력으로 증명하는 방법밖에는 없으니, 그 나라에서 요구하는

새로운 레스토랑 론칭을 위해 한 달 동안 미국과 프랑스,
두 군데에 가서 공부를 했죠.

외국 사람이 우리나라에 와서 한식 셰프가 되는 것을 생각해 보세요.

요리는 물론 언어의 벽도 넘어야 하고 우리나라의 문화도 이해해야 하니 굉장히 힘들 거예요.

Job
Propose 33

자격을 갖추고 열정을 다해 실력을 키워야 해요. 다른 나라에서 셰프가 되는 과정은 우리나라에서 셰프가 되는 것보다 훨씬 더 험난해요. 외국 사람이 우리나라에 와서 한식 셰프가 되는 것을 생각해보세요. 요리는 물론 언어의 벽도 넘어야 하고 우리나라의 문화도이해해야 하니 굉장히 힘들 거예요. 마찬가지로 외국에서 셰프로성장하기 위해선 실력을 쌓기 위한 엄청난 열의와 더불어 언어와문화를 이해하기 위한 노력도 필요하겠죠.

셰프가 되면

CHEF

🖊 연봉은 어느 정도인가요?

🧑 같은 셰프라 하더라도 일하는 곳의 규모나 경영상태, 수당 등에 따라 연봉은 모두 다르겠죠. 일반 직장인은 보통 하루에 여덟 시간을 근무하잖아요. 셰프들의 경우 최저 기준근로시간 외에도 휴일 근무나 추가 근무를 하는 일이 많아요. 시간 외 근무가 많다 보니 할러데이 수당이나 오버타임 수당에 따라 연봉에 차이가 나게 되죠.

🖊 초임자의 연봉은 보통 얼마인가요?

🧑 호텔의 경우 보통 비정규직부터 시작하는 일이 많은데, 비정규직의 초봉은 2,200만 원 정도이고 거기에 추가 근무 수당을 더하면 2,400만 원까지 가더라고요. 정규직에 비해서는 조금 낮은 금액이지만 타 직종의 비정규직 급여에 비해서는 매우 높은 편이죠. 이후 정규직이 되면 사내 규정에 따라 연봉이 책정되고, 연차나 성과 등에 따라 계속해서 올라가게 돼요.

편 같은 직급이면 연봉도 같나요?

유 호텔에서는 각 파트나 레스토랑에서 얼마만큼의 영업 이익을 냈는지 평가를 하고 있는데요. 이는 운영을 얼마나 잘했는지의 척도이므로, 성과급의 기준이 되고 있죠. 따라서 같은 직급이라 하더라도 성과급에 따라 연봉은 조금씩 달라져요. 예를 들어 한 파트의 파트장이나 작은 레스토랑의 주방장이 되면, 성과물에 따라 연봉이 15~30퍼센트 정도씩 차이가 나게 되죠.

편 각자의 연봉은 비밀인가요?

유 그럼요. 직원들마다 각자 연봉이 다르기 때문에 그걸 공개할 수는 없죠.

編 직급 체계는 어떻게 되나요?

劉 앞서 말씀드린 것처럼 주방에는 주방 청소와 정리 정돈, 식재료 손질을 하는 연습생이 있고, 연습생 중 일부가 요리사의 세계에 들어오게 되면 먼저 요리사를 보조하는 쿡 헬퍼가 돼요. 그다음 써드 쿡, 세컨 쿡, 퍼스트 쿡, 수 셰프, 셰프 순으로 올라가게 되죠. 외국 시스템에 따라 그렇게 부르기는 하는데, 근래에 들어서는 우리나라의 직급에 맞춰 사원이나 주임, 대리, 과장, 선임과장, 차장, 부장이라는 직함을 주고 있어요.

근무 시간은 어떻게 되나요?

편 근무 시간은 어떻게 되나요?

유 법정근로시간은 1일에 여덟 시간, 1주일에 40시간인데요. 최저 기준근로시간이 그렇고 당사자 간의 합의에 따라 최대 주당 52시간을 일할 수 있어요. 저희들의 경우 그 시간 안에서 시간외 근무를 하고 있죠. 상황이 많이 좋아졌어요. 예전에는 그런 제도가 확립되지 않아서 일주일에 하루만 쉬었고, 하루 중 초과 근무 시간도 더 많았거든요. 게다가 당시엔 주방장 마음대로 쉬는 날을 정해서, 6일 일하고 하루 쉴 수도 있었지만 쉬는 날을 일주일의 양 끝으로 정해버리면 13일 만에야 겨우 하루를 쉬게 될 수도 있었죠. 마치 언제 끝날지 모르는 롤러코스터를 타는 것 같았어요. 주방장의 허락이 있어야만 휴일을 쓸 수 있었기 때문에 쉬고 싶거나 약속을 잡고 싶어도 상사의 눈치를 봐야 했죠. 지금은 워낙 갑질이 사회적으로 문제가 되고 있고 조금만 부당하다고 느껴도 갑질이라는 표현을 하기 때문에 더더욱 공정하게 일정을 잡으려고 노력하고 있어요.

📭 근무 여건은 어떤가요?

🈵 아무래도 호텔이라는 업종의 특성상 공간이 넉넉하다 보니 직원들이 개별적으로 쉴 수 있는 곳이 많아요. 직원들을 위한 개인 로커는 물론 전용 휴게 공간이나 식당, 카페테리아도 운영하고 있죠. 주방장들의 경우 개인 사무실도 하나씩 배정되어 있어요. 저 역시 면담이나 회의 일정이 많아 제 몫의 사무 공간을 따로 두고 있죠. 적용받는 법이 많아 관리 감독이 많이 나오기 때문에 기타 근무 여건도 잘 갖추어져 있는 편이에요. 호텔의 등급에 따라 조금씩 다르지만 일반 레스토랑에 비해서는 재정 규모가 크다 보니 복지 여건도 좋고요.

편 노동 강도는 어느 정도인가요?

유 저희 세계에서는 건설 노동자와 맘먹는 노동 강도라고 얘기하는 사람이 많아요. 그분들은 삽이나 망치를 들고, 저희는 칼이나 국자를 들지만 소모되는 에너지의 양은 비슷하다고 보는 것이죠. 어마어마한 힘이 필요한 만큼 강인한 체력은 반드시 필요해요.

어마어마한 힘이 필요한 만큼 강인한 체력은 반드시 필요해요.

Job
Propose 33

편 정년이 있나요?

유 회사마다 조금씩 다르겠지만 조직에 속해 있을 경우 정년은 보통 55세예요. 그렇지만 능력이 되면 퇴직 이후에도 다른 곳에서 계속 일할 수는 있겠죠. 노동법이 개정되면 정년이 60세로 연장된다는 이야기가 있는데요. 저 같은 경우 어떻게든 오래 버티면 된다는 생각은 없어요. 박수칠 때 떠나고 싶죠. 몸이 따라주지 않는데 자존심에 상처를 입으면서까지 남아있을 생각은 없거든요. 회사에서는 은퇴하지만 다른 곳에서 요리와 관련된 일을 할 수도 있고, 호텔의 셰프 말고 또 다른 꿈을 꿀 수도 있잖아요.

편 직업병이 있나요?

유 몇 가지 직업병이 있는데요. 처음 입사하면 위장병부터 시작해요. 빨리 먹고 일을 해야 하니 먹는다는 표현보단 흡입한다는 표현이 적절할 정도로 씹지도 않고 삼키기 때문에 위장병이 생길 수밖에 없죠. 그다음으론, 근무 시간 내내 서 있다 보니 무릎에 걸리는 하중 때문에 연골 조직이 손상되거나 염증이 발생해 관절염에 걸리기도 해요. 마찬가지로 오래 서서 일하면서 다리의 정맥 내 압력이 높아져 하지정맥류가 오기도 하죠. 이를 예방하기 위해선 같은 자세로 오래 서 있지 말고 자세를 자주 바꿔주는 게 좋아요. 의료용 압박스타킹을 착용하는 것도 좋고요. 또 늘 모자를 쓴 채 땀을 흘리다 보니 탈모가 오는 경우도 있어요.

처음 셰프가 되었을 때 가장
걱정됐던 점은 무엇인가요?

편 처음 셰프가 되었을 때 가장 걱정됐던 점은 무엇인가요?

유 저는 레스토랑에선 수 셰프까지 올라갔고, R&D팀에서는 메뉴 개발자로 시작해 팀의 파트장까지 되었어요. 그러다 총주방장 자리가 공석이 되면서 제가 그 자리로 가게 되었는데요. 하나의 파트도 아니고 레스토랑 여섯 개에 직원 160여 명을 이끄는 리더가 된다는 것이 굉장한 부담으로 다가왔죠. 초반엔 내가 이 많은 레스토랑을 무리 없이 잘 운영할 수 있을까 하는 걱정을 많이 했어요. 셰프는 음식만 잘하면 되는 게 아니라 영업과 직원들 관리까지 책임을 져야 하는 위치니까요.

시중의 작은 레스토랑이라 하더라도 어엿한 사업체라 하나부터 열까지 책임지고 돌봐야 할 것들이 많잖아요. 요리뿐만 아니라 영업장, 직원, 세금 등 신경 써야 할 것 투성이죠. 작은 레스토랑을 경영하는 것도 어려운데, 호텔의 모든 레스토랑을 운영한다니 작은 것 하나 놓치지 않고 세심하게 관리할 수 있을까 염려돼 초반엔 스트레스를 받기도 했어요. 어떻게 하면 좋은 리더가 될 수 있을지 일주일인가를 고민했죠. 당연히 시행착오도 많이 하겠지만, 아무것도

어떻게 하면 좋은 리더가 될 수 있을지 일주일인가를 고민했죠.

Job
Propose 33

모르고 시작한 요리에 능숙해진 것처럼 이번에도 해낼 것이라고 제 자신을 믿었어요. 잘못한 일이 있으면 개선해서 내일은 더 나은 사람이 되어있으면 될 거라 여겼고요. 그러다 보면 1년 뒤에는 직원들에게 더 인정받는 리더가 되어 있지 않을까 생각했죠. 걱정은 많았지만 두렵지는 않았기에 목표를 향해 달려올 수 있었어요.

셰프 생활을 하면서 가장
기억에 남는 순간은 언제였나요?

편 셰프 생활을 하면서 가장 기억에 남는 순간은 언제였나요?

유 총주방장이 되었을 때가 제 인생에서 가장 감격스러운 순간이라 기억에 많이 남아요. 처음 요리에 빠져 이 길로 들어선 순간부터의 노력과 고생들이 머릿속에 스치면서 마음이 울컥해졌죠. 요리를 시작하기로 마음먹고 조리사 자격증을 딴 후 처음 셰프로 데뷔했던 순간도 기억나요. 이젠 사무실 대신 주방에서 일할 수 있다는 생각에 정말 날듯이 좋았거든요. 함께 일하는 동료들이 이제 좀 셰프 같다는 말을 해줬을 때도 뭔가 인정받았다는 느낌이 들어 기뻤고요.

편 제일 처음에 했던 요리, 생각나세요?

유 그럼요. 제가 처음 한 요리가 김밥인데요. 한동안은 매일 뷔페와 연회에 나가는 김밥을 10분 안에 30~40개씩 싸야 했어요. 큰 밥솥으로 두 솥씩 밥을 했는데, 그 많은 밥으로 엄청난 양의 김밥을 쌌죠. 그렇게 한 3년을 보내고 난 후에야 초밥도 만들고 샐러드나 콜드 요리도 만들게 되었어요. 그렇지만 여기에 안주하면 뷔페 요리밖에 모르게 되니, 핫 요리를 배우겠다고 마음먹고 그쪽으로 넘어갔죠. 콜드 요리와 핫 요리는 완전히 다른 분야라 새로운 시작이었어요. 남들이 걸어 다닐 때 뛰어다니면서 선배가 얘기해 주는 걸잘 새겨듣고 모르겠으면 질릴 때까지 물어보면서 제 것으로 만들어 나갔죠.

📮 개발한 메뉴 중 기억에 남는 게 있다면 소개해 주세요.

🆔 신라호텔의 망고 빙수가 굉장히 유명한데요. 저희 같은 전문가들이 봤을 때 그 망고 빙수만이 가진 특별한 점은 별로 없어요. 좋은 마케팅 덕분에 잘 된 케이스라고 생각하죠. 실제로 가서 먹어 봤는데, 빙수에 사용된 망고가 전부 신선한 것도 아니었어요. 제주도와 계약 재배를 해서 저렴한 가격에 들여올 수 있다고 하는데, 판매가는 결코 싼 가격이 아니었고요. 그런데도 유명세를 떨치고 있었죠. 신라호텔과 저희 호텔이 경쟁 관계라 어떻게 하면 빙수 경쟁에서 이길 수 있을까 고심했어요. 벤치마킹을 위해 일본에 갔는데, 그들이 빙수를 소울 푸드나 소울 디저트처럼 대하더라고요. 일본인에게는 빙수가 힘을 주는 음식이었죠. 가격도 비싸지 않았고요. 빙수는 부를 과시하기 위한 음식이 아니라 갈증을 해소하고 더위에 치친 몸에 미네랄과 비타민을 보충해 주는 음식이라는 걸 다시

●

요리를 시작하기로 마음먹고 조리사 자격증을 딴 후

처음 셰프로 데뷔했던 순간도 기억나요.

Job
Propose 33

한번 생각했어요. 그게 바로 빙수 본연의 목적이잖아요.

그렇다면 좀 더 합리적인 가격의 빙수를 만들어 봐야겠다는 마음이 생겼어요. 우리가 쓸 수 있는 제철 과일이 뭘까 보니, 수박과 청포도가 있더라고요. 이 두 과일을 가지고 한 달 넘게 개발을 하고 드디어 출시를 했는데, 수박 빙수는 저도 놀랄 정도로 반응이 폭발적이었어요. 매스컴에도 소개가 많이 됐죠. 몇 개월 후 집계를 해 보니 전년대비 매출이 3,000만 원 이상 올랐더라고요. 제철 과일이니 비쌀 이유가 없어 합리적인 가격에 내놓은 점이 고객들에게 어필했나 봐요. 빙수를 수박처럼 표현해야겠다는 생각에 수박 껍질에 재료를 담고, 어렸을 때 먹었던 해바라기씨 초콜릿을 박아 봤는데요. 그런 점도 고객들이 재미있어하더라고요. SNS나 블로그에 좋은 평을 많이 남겨주셨죠. 나만의 아이디어가 고객들에게 공감을 일으키고, 매출 상승이라는 결과로 이어져서 정말 기뻤어요.

핫 요리를 배우겠다고 마음먹고 그쪽으로 넘어갔죠.
콜드 요리와 핫 요리는 완전히 다른 분야라 새로운 시작이었어요.

Job
Propose 33

수박 빙수는 저도 놀랄 정도로 반응이 폭발적이었어요.
매스컴에도 소개가 많이 됐죠.

편 다른 분야로 진출이 가능한가요?

유 물론 가능하죠. 요리 또는 음식을 다루는 연구원이나 개발자, 기획자가 될 수 있어요. 제 주변에도 셰프로 일하다 인터넷 푸드 쇼핑몰인 마켓컬리의 상품 기획자로 간 친구가 있죠. 최근에는 푸드 코디네이터나 엠디, 마케터로 진출하는 사람도 많더라고요. 식품과 관련된 곳이면 본인의 노력 여하에 따라 진출할 수 있는 분야는 무궁무진하죠.

편 현재 삶에 만족하세요?

유 그럼요. 제가 선택한 이 길을 걷는 동안 즐겁고 행복했기 때문에 더없이 만족스러워요. 물론 일로 인한 스트레스가 없진 않았죠. 그런데 저는 누군가 일을 하면서 스트레스가 없다고 하면, 일 자체에 재미가 없다는 뜻으로 들려요. 적당한 스트레스는 우리를 살짝 긴장하게 만들고, 더 잘 해내고 싶단 마음이 들게 하거든요. 힘든 시간도 있었지만 제가 원하는 일을 재미있게 할 수 있어서 후회는 없어요.

편 존경하는 셰프가 있다면 소개해 주세요.

유 언젠가 평전을 읽으면서 이 사람 정말 대단한 사람이네 하고 느낀 적이 있어요. 일식을 예술의 경지로 끌어올린 기타오지 로산진이란 사람인데요. 앞서 소개한 앙토넹 카렘이 프랑스 고전 요리의 형식을 완성하고 에스코피에가 프랑스 현대 요리의 기틀을 마련했다면, 로산진은 일본 현대 요리의 체계를 구축해나간 인물이에요. 요리뿐만 아니라 도예나 서예, 공예, 그림까지 섭렵한 예술가이기도 하고요. 책을 읽을수록 이 사람이 생각하는 요리에 대한 가치나 철학이 제 마음에 깊이 새겨졌죠. "요리를 할 때 중요한 것이 많지만 무엇보다 우선되어야 할 것은 인간에 대한 진실한 마음이다. 다른 것은 빠져도 상관없지만, 진심이 빠진다면 그것은 요리가 아니다.", "뛰어난 요리사인가 아닌가는 요리에 달린 것이 분명하지만, 청결에 대한 인식도 중요하다. 양말이 더럽다는 것은 분명 게으르다는 증거다." 그 밖에도 청결의 중요성과 마음으로부터 시작되는 요리, 재료 본래의 맛을 살리는 것 등 공감되는 부분이 많았어요. 로산진보다 훨씬 유명한 셰프들이 많은데요. 그분들의 경우 제 생각에 큰 영향을 주진 못했지만, 로산진의 신념과 철학에는 깊이 공감할 수 있었죠. 정말 멋있고 존경스러운 분이에요.

🔲 다시 태어나도 셰프가 되고 싶으세요?

🔲 저는 재미를 추구해요. 앞서도 몇 번 얘기했지만 요리가 재미있어서 여기까지 올 수 있었죠. 또 이 삶에 더없이 만족하고요. 그렇지만 셰프의 삶은 한 번 살아봤으니, 이 일처럼 재미있는 것이 또 있다면 그걸 해 보지 않을까 싶네요.

편 만약 직업 선택의 자유가 주어진다면 셰프 외에 어떤 일을 하고 싶나요?

유 음, 제가 꽃과 나무를 좋아하니 조경사가 되는 건 어떨지 생각해 봤어요. 셰프가 식재료를 이용해 접시 위에 하나의 테마를 표현하듯 조경사는 꽃과 풀, 나무, 바위를 가지고 땅 위에 하나의 테마를 조성해 나가죠. 어쩐지 비슷한 구석이 있어 보이지 않나요? 제가 비버리힐즈에서 연수를 받았잖아요. 오너 셰프가 케이터링을 하러 가는데 같이 가자고 해서 할리우드의 백만장자가 살고 있는 집에 방문한 적이 있었어요. 식재료를 싣고 그 집으로 갔더니 입구에서 경호원이 신원을 확인한 후 문을 열어줬죠. 눈앞에 펼쳐진 드넓은 정원이 마치 놀이동산 같더라고요. 캘리포니아 해변과 어우러진 야자나무 조경이 정말 멋있었어요. 그때 처음 조경으로도 사람의 마음을 움직일 수 있다는 걸 알게 되었죠. 꽃과 나무로 아름답고 친근한 환경을 조성해 사람들에게 감동을 주는 것도 즐거울 것 같아요.

나도 셰프

나만의 레시피

여러분 앞에 여러 가지 식재료가 놓여 있어요.
이 재료들을 가지고 어떤 요리를 만들 수 있을까요?
주어진 식재료를 모두 사용해도 좋고, 일부만 사용해도 좋아요.
"기존에 있는 음식이 아니라 나만의 레시피를 완성해 보세요."

식재료

달걀	토마토
우유	스파게티면
양파	레몬
마늘	연어
올리브오일	아스파라거스
감자	고트치즈
소금	수박
후추	샤워크림
바질	

레시피 노트

요리명	
레시피	식재료와 양
	만드는 방법

메뉴 개발

여러분은 이제 이탈리안 레스토랑의 셰프가 되었어요.
한 달간 새로운 메뉴를 개발해 고객들에게 선보여야 하죠.
어떤 요리가 좋을까요?

"다가올 여름에 잘 어울리는 메뉴를 구상해 보세요."

메뉴 개발 계획서

개발 책임자	
예상 개발 시간	
과제명	"여름에 어울리는 이탈리안 요리"
개발 목적 및 필요성	

개발 레시피

개발
내용의
개요

식재료의 특성

판매 포인트

Tip. 새롭게 개발하는 메뉴에 대한 정보를 정확히 작성해야 해요. 메뉴 개발에 필요한
도구나 메뉴 조리법, 위생 관리에 대한 내용도 함께 작성해야 하고요.

청소년 맞춤 식단

매일 먹는 집밥과 급식, 맛있게 먹고 있나요?
내가 식단을 작성한다면, 어떤 반찬을 넣고 싶은가요?

"맛있으면서도 영양의 균형이 잡힌 점심 식단을 직접 작성해 보세요."

식단표

월	화	수	목	금	토	일

Tip. 다섯 가지 기초식품군이 골고루 들어가도록 구성해요. 곡류나 전분류, 채소류, 과일류, 어육류, 콩류, 우유, 유제품 등 다양한 식재료를 사용하는 것이 좋으며, 염분이나 유지류, 단순 당류, 식품첨가물은 조금만 사용하는 것이 좋아요.

셰프 업무 엿보기

CHEF

셰프의 주방

셰프가 일하는 주방의 모습이 궁금하지 않으세요?
유재덕 셰프님이 일하는 조선호텔 레스토랑 주방으로 함께 가보실래요?

여기가 바로 제가 일하는 주방이에요.

이곳은 음식을 만드는 곳과 완성된 음식이 나가는 곳이죠.

위생을 위해 하얀색 조리복과 모자를 쓰고 일하고 있어요.
요즘엔 코로나19로 인해 이렇게 마스크까지 착용하고 있죠.

컨벡션 오븐, 재료들을 굽거나 찌거나 또는 냄비째 저온 조리할 때
사용하는 만능 오븐이에요. 안에 달린 팬이 강제로 공기를 순환시켜
조리시간을 단축해 주죠.

빵을 반죽해 주는 기계와 야채나 과일을 가는 믹서기예요.

스팀팟, 스팀을 열원으로 하는 냄비로 대량의 육수나 소스를 끓일 때 또는 국이나 탕을 끓일 때 사용해요.

시누아, 육수를 끓인 뒤 뼈나 채소 등의 재료를 걸러내는 데 사용하는 도구죠.

살라만더, 열원이 위에 있어서 재료의 색을 내야 할 때 주로 사용하는 도구예요. 그라탱 요리에 많이 쓰이죠.

셰프의 요리

무화과를 곁들인 부라타 치즈 요리, 먹어본 적 있나요?
이 요리는 어떤 과정을 거쳐 만들어질까요?
유재덕 셰프님이 만드는 법을 알려주신대요.

무화과를 곁들인 부라타 치즈

재료 소개

부라타 치즈 1개

래디시 3조각

프로슈토 3장

무화과 3조각

퀴노아 4g

적퀴노아 2g

베이비 루꼴라 약간

프리제 약간

아마란스 약간

레몬오일 드레싱 약간

소금 약간

후추 약간

올리브오일 약간

피스타치오 약간

발사믹 리덕션 약간

만드는 법

01 퀴노아를 소금을 넣은 끓는 물에 1분간 삶는다.

02 삶은 뒤 찬물로 씻고 180도에서 튀겨준다.
   (이때 페이퍼를 여러 장 바꿔가며 기름기를 완벽히 빼준다.)

03 퀴노아와 적퀴노아를 2:1의 비율로 섞어서 준비한다.

04 부라타 치즈는 1개를 3등분 하는데, 뒤집어 까서 안에 있는 부드러운 부분
   이 나오게 담는다.

05 무화과는 웨지 모양으로 썰고, 치즈 옆에 세워서 담는다.

06 프로슈토를 살짝 올려주고, 그 옆으로 2:1로 섞은 퀴노아를 레몬오일 드레
   싱에 버무려 담는다. (소금 간하기)

07 그 옆으로 피스타치오 다진 것을 담는다. (무화과에 살짝 닿도록)

08 퀴노아가 담긴 쪽으로 채소 (베이비 루꼴라, 프리제, 아마란스 순서)를 담는다.

09 발사믹 리덕션을 찍어준다. (바깥 부분 두 군데, 안쪽 부분 한 군데)

10 무화과 뒤 쪽으로 래디시를 담아준다.

11 마지막으로 후추와 올리브오일을 뿌려준다.

세계의 음식

CHEF

세계의 음식

: 다른 나라의 아침식사

어떤 나라의 식탁을 보면 그 나라의 자연환경이나 문화를 알 수 있죠.
어떤 기후에서만 나는 재료가 있기도 하고, 같은 식재료라 하더라도 나라마다
다른 방식으로 요리하니까요.
다른 나라 사람들은 매일 어떤 음식으로 하루를 시작할까요?
그들이 먹는 음식을 통해 그 나라의 생활 방식과 문화를 이해해 봐요.

미국

토스트와 달걀 프라이, 베이컨, 소시지 등을 하나의 접시에 담아 먹어요. 오
믈렛이나 팬케이크, 시리얼을 먹기도 하며, 커피나 우유, 오렌지 주스를 곁
들여 먹죠.

캐나다

계절에 따라 요거트와 얼린 과일, 치아 시드, 시금치 등 다양한 재료를 갈아
만든 스무디를 마시기도 하고, 크루아상이나 머핀, 베이글과 같은 빵을 먹
기도 해요.

브라질

브라질에서는 보통 아침식사를 가볍게 먹어요. 빵과 버터 혹은 마멀레이드
에 치즈나 과일, 커피를 곁들여 간단하게 먹죠. 지역에 따라 구황식물인 카
사바로 만든 음식을 먹기도 하고요.

호주

호주에서는 아보카도를 즐겨 먹어요. 빵 위에 아보카도를 듬뿍 얹고 그 위에 치즈나 베이컨, 연어, 버섯 등을 올린 스매시드 아보카도라는 음식으로 든든한 아침식사를 하죠.

중국

중국의 많은 가정이 맞벌이 생활을 하기 때문에, 아침은 밖에서 사 먹는 경우가 많아요. 도넛과 비슷하게 생긴 요우티아오와 두유의 일종인 도우장을 주로 사 먹죠.

홍콩

홍콩의 대표적인 아침식사 메뉴는 딤섬이에요. 딤섬 속에 고기나 야채, 두부, 새우 등 여러 가지 식재료를 넣어 다양한 맛을 즐기죠. 여기에 우리나라의 죽과 비슷한 콘지를 곁들이기도 하고요.

대만

밀가루 반죽을 전병처럼 둥글게 부친 후 달걀과 햄, 치즈, 옥수수 등을 넣고 돌돌 만 딴빙을 즐겨 먹어요.

일본

일본의 아침식사 메뉴는 우리나라와 비슷하게 밥과 국, 간단한 반찬으로 이루어져 있어요. 보통 미소시루라 불리는 된장국에 다양한 재료를 초절임한 반찬과 생선구이로 구성되어 있죠.

베트남

쌀이 많이 나는 나라답게 껌스언느엉이라는 숯불고기덮밥이나 쌀국수를 먹어요. 길거리에 있는 간이식당을 이용하거나 출근길에 간단한 음식을 사서 먹는 사람들이 많죠.

미얀마

화덕에 잎사귀 모양으로 구워낸 난에 콩 소스나 버터를 발라 먹어요. 쌀의 일종인 흐따민으로 만든 음식이나 미얀마식 도넛에 야자 시럽을 뿌려 먹기도 하고요.

싱가포르

달걀과 코코넛 밀크에 판단 잎을 넣어 뭉근하게 끓인 카야 잼을 바른 토스트를 수란과 함께 먹는 것이 싱가포르의 일반적인 아침식사 풍경이에요.

인도

인도의 아침식사는 따뜻한 차이 한 잔으로 시작해요. 인도인에게 있어 차는 단순한 음료가 아니라 엄연한 요리죠. 차이를 한 잔 마신 후, 쌀이 주식인 남인도에서는 쌀가루로 만든 마살라도사를 주로 먹고, 밀이 주식인 북인도에서는 밀가루로 만든 파라타를 주로 먹어요. 후식으로는 플레인 요구르트의 일종인 다히를 먹고요.

이스라엘

토마토소스와 채소, 달걀을 한꺼번에 넣고 끓인 샥슈카를 주로 먹어요. 에그인헬이라는 이름으로도 널리 알려진 음식이죠.

모로코

전형적인 모로코식 아침식사는 민트 차와 모로코식 빵인 하루샤, 므세멘, 바그리드로 구성되어 있어요.

터키

터키 사람들은 아침식사를 굉장히 중요하게 여겨요. 희고 둥근 전통 빵인 에크맥에 올리브와 오이, 치즈, 요거트, 삶은 달걀, 토마토, 크림의 일종인 카이막으로 아침식사를 하며 여기에 진하게 우린 홍차를 곁들이죠.

그리스

많은 사람들이 토스트나 샌드위치, 커피 한 잔으로 간단하게 식사를 해요. 하지만 그리스 커피에 삶은 달걀, 꿀과 호두를 넣은 요거트, 빵, 페타 치즈, 토마토, 올리브오일로 구성된 전통 아침식사를 하는 사람들도 있죠.

프랑스

프랑스에서는 푸짐한 점심과 저녁 전에 공복감을 없애는 정도로 간단히 아침식사를 해요. 보통 버터나 잼을 바른 바게트 또는 크루아상에 커피, 홍차, 갓 짠 오렌지 주스 중 하나를 곁들이죠.

이탈리아

이탈리아인은 단 것을 좋아해서 아침식사로 다양한 종류의 쿠키와 우유를 먹어요. 성인의 경우 쿠키에 커피를 곁들이기도 하고요. 물론 시리얼이나 과일, 요거트 등으로 가볍고 건강한 식사를 하는 사람도 있죠.

영국

토스트와 달걀 프라이, 베이컨, 소시지, 콩, 버섯, 토마토 등을 홍차와 함께 먹어요. 최근에는 아침잠을 쫓기 위해 홍차 대신 커피를 마시는 사람들이 늘고 있죠.

독일

보통 통밀빵과 치즈, 차가운 햄, 반숙 달걀에 드립 커피를 곁들여요. 비에른 이라는 지역에서는 소시지와 겨자, 프레첼을 맥주에 곁들여 먹기도 해요.

스페인

스페인 사람들은 대부분 빵과 커피, 과일주스로 아침을 시작해요. 바삭하게 구운 빵 위에 으깬 토마토나 햄, 잼, 버터 등을 올려 먹죠. 얇게 썬 감자를 층층이 쌓고 그 위에 채소와 달걀물을 부어 굽는 토르티아를 먹기도 해요. 올리브 생산량이 많아 대부분의 요리에 올리브오일과 소금을 듬뿍 뿌려 먹는 게 특징이죠.

덴마크

버터를 바른 호밀빵 위에 고기나 생선, 채소 등을 올린 스뫼레브뢰를 즐겨 먹어요. 여기에 오트밀의 일종인 그뢰드와 과일, 갓 내린 커피를 곁들이죠.

노르웨이

세계적인 어업국답게 생연어 샌드위치로 아침을 시작해요. 연어나 대구, 송어의 소금 절임이나 청어 초절임을 먹거나 검은 빵 위에 감메로스트라는 갈색 치즈를 발라 먹기도 하고요.

스웨덴

호밀 가루로 만든 납작하고 바삭바삭한 빵인 크네케브뢰드를 주로 먹어요. 자연의 맛이 살아있는 순하고 투박한 빵이죠. 추운 지방이라 보존성이 좋으면서도 높은 열량을 제공하는 크네케브뢰드와 같은 음식이 나오게 되었어요.

러시아

기온이 낮은 러시아에서는 기름지고 열량이 높은 음식으로 하루를 시작해요. 러시아식 치즈케이크인 시리니키가 대표적이죠. 소나 양, 염소의 젖을 발효시킨 케피어가 들어간 러시아식 팬케이크 블리니도 즐겨먹는 음식 중 하나이고요.

세계의 요리학교

세계의 요리학교

프랑스의 르 꼬르동 블루와 미국의 CIA, 일본의 츠지조리사전문학교는
세계 3대 요리학교로 손꼽히는 곳이에요. 각 기관에 대해 간략하게 소개해
드릴게요.

프랑스의 르 꼬르동 블루

르 꼬르동 블루는 프랑스 요리의 발전과 전파를 목표로 1895년에 설립된
프랑스 요리, 제빵제과, 와인 전문학교예요. 4일 이하의 단기 과정과 장기
과정이 있는데요. 장기 과정은 초급과 중급, 고급 세 단계로 나누어지며,
10주간의 수업으로 진행되죠. 각 단계를 이수할 때마다 증명서가 발급되
며, 고급 단계까지 마치면 자격증이 부여돼요. 영국의 런던, 캐나다의 오타
와, 일본의 도쿄 등 전 세계에 분교를 설립했는데, 2002년에는 한국의 숙명
여자대학교에도 분교를 설립하고 국제 교류 시스템을 구축하였죠.

미국의 CIA

CIA는 1946년에 설립된 요리학교예요. 전문화된 커리큘럼과 체계적인 교
육 과정을 통해 이론과 실무 등 모든 분야에 뛰어난 최고의 셰프가 될 수 있
도록 지도하는 것을 목표로 하고 있어요. 또한 학생들이 규칙적인 생활을
하며 요리에 집중할 수 있도록 기숙학교도 운영하고 있죠.

일본의 츠지조리사전문학교

1960년에 설립된 츠지조리사전문학교는 일식은 물론 양식과 중식, 제과 등 다양한 요리를 배울 수 있는 종합교육기관이에요. 전문 강사가 뛰어난 기술과 풍부한 지식을 바탕으로 지도하고 있으며, 고도의 조리기술 습득은 물론 식품위생, 영양, 조리 이론과 관련된 지식도 중시하죠. 프랑스 분교를 설립해 프랑스의 일류 레스토랑에서 실무현장 연수를 경험할 수 있어요.

셰프에게 궁금한 Q&A

Q 요리의 기본은 무엇인가요?

A 요리의 기본을 간략하게 얘기하면 "마음을 담는다. 식재료 본연의 맛을 낸다. 깨끗하게 만든다."라고 할 수 있죠. 음식을 만들 때는 진정성 있는 마음을 담아 요리해야 하고, 재료가 가지는 본연의 맛을 살려내어 식재료로 사계절을 표현하도록 하며, 청결하고 위생적인 환경에서 깨끗하게 조리해야 한다는 뜻이에요.

Q 추구하는 요리는 어떤 요리인가요?

A 저는 편안한 음식, 위로가 되는 음식을 추구해요. 좀 추상적으로 느껴질지도 모르겠는데, 앞서 얘기했듯이 그 음식은 후배가 먹었던 짬뽕 한 그릇일 수도 있고, 누군가에겐 순댓국 한 그릇일 수도 있겠죠. 어떤 특별한 날을 위한 음식이 아니라 힘들 때 생각나는 요리, 별다른 걱정 없이 먹을 수 있고, 먹고 나면 힘이 되는 요리를 만들고 싶어요.

Q 절대 미각은 타고나는 건가요?

A 절대 미각은 어떤 음식을 맛보았을 때, 그 맛을 구성하는 각각의 요소가 가진 고유한 특징을 알아내는 능력인데요. 절대 미각을 가진 사람들은 소소한 양념의 맛까지 세밀하게 짚어내죠. 한번 먹

어본 맛은 잊지 않고 기억하는 사람도 있고요. 이런 능력을 타고나는 사람도 있지만, 후천적으로 개발하는 사람도 있더라고요. 후자의 경우 미각을 예민하게 만들기 위해 과음이나 과식, 흡연을 피하기도 해요. 일할 때는 아예 굶기도 하고요.

Q 담배를 피우면 안 좋다고 하던데, 정말인가요?

A 아무래도 몸에 담배 냄새가 배면 주방에서 일할 때 음식이나 함께 일하는 사람들에게 영향을 줄 수 있겠죠. 미각과도 관계가 있고요. 그러니 가급적 피우지 않는 것이 낫겠죠? 그렇지만 셰프 중에는 흡연자도 꽤 있어. 담배를 피우지만 냄새가 배지 않도록 손가락 대신 나무젓가락을 이용하는 사람도 있고, 흡연을 하지 않는 것은 물론 직원 채용 시 흡연자를 고용하지 않는 셰프도 있고요. 개인의 선택이죠.

Q 메뉴 구상 작업은 어떻게 이루어지는지 궁금해요.

A 먼저 메뉴 엔지니어링이라는 작업이 선행되어야 해요. 지난 시즌의 판매 데이터를 분석해 잘 팔렸던 메뉴, 안 팔렸던 메뉴, 빼야 할 메뉴를 구분하는 것이죠. 알쏭달쏭한 메뉴인 경우 어떻게 개선할 것인지 고민해 보고요. 빠지는 메뉴가 있다면 대신 들어올 새

Job
Propose 33

요리의 기본

"마음을 담는다. 식재료 본연의 맛을 낸다. 깨끗하게 만든다."

식재료는 물론 요리법 역시 다른 요리와 겹치지 않도록 구상하죠.
다음으로 접시에 어떻게 담을 것인지 디자인 도안 작업을 해요. 그렇게 개발이 된 메뉴는
프레젠테이션과 테스트를 거쳐요.

Job

메뉴를 구상해야 하는데요. 우선 식재료를 찾고, 요리법을 정해요. 식재료는 물론 요리법 역시 다른 요리와 겹치지 않도록 구상하죠. 다음으로 접시에 어떻게 담을 것인지 디자인 도안 작업을 해요. 그렇게 개발이 된 메뉴는 프레젠테이션과 테스트를 거쳐요. 그 과정에서 피드백을 받고 몇 차례 개선을 한 후 최종적으로 결정이 되면, 가격이나 판매 포인트, 홍보 방식 등을 정한 후 투입이 되죠.

Q 메뉴의 교체 시기는 언제인가요?

A 3개월마다 또 계절마다 메뉴를 교체해요. 그래서 무척 바쁘죠. 한 번에 한 가지 메뉴만 개발하는 것이 아니라 보통 삼배수로 준비를 하거든요. 개발한 모든 메뉴가 채택되지 않을 수도 있으니, 만약 열 개의 메뉴를 새로 넣을 예정이라면 서른 개를 준비하는 것이죠.

Q 요리도 트렌드의 영향을 많이 받을 것 같아요.

A 고객들을 리드해야 하기 때문에 트렌드에 민감할 수밖에 없죠. 트렌드를 이끄는 일이 만만하진 않아요. 전 세계를 돌아다니며 다양한 경험을 한 분들이 호텔에 많이 오는데, 그런 분들은 저희들보다 더 트렌디하거든요. 그래서 때론 그런 분들에게 배우기도 하죠. 고객이 맛있게 먹었던 음식 얘기를 하면, 어떤 맛이었는지 물어

봐요. 그럼 대부분 사진도 보여주면서 친절하게 설명해 주죠. 고객이 알려준 정보를 바탕으로 그 음식을 어떻게 만들지 상상을 해 봐요. 그러다 실제 메뉴로 이어지는 일도 있는데요. 그럴 때는 그 고객에게 가장 먼저 맛볼 기회를 드리고, VIP인 경우 그분의 이름을 넣어서 출시를 하기도 하죠.

Q 영감은 어디서 얻나요?

A 다른 사람들과 교류하다가, 책을 읽다가, 인터넷 검색을 하다가 문득문득 영감을 얻어요. 앞서 소개한 것처럼 빙수를 개발할 때는 일본에 가서 그들의 음식 문화를 보며 영감을 얻었죠. 우리나라 빙수의 경우 대부분이 먹으면 오히려 갈증을 유발하는데요. 일본 사람들이 즐겨 먹는 빙수는 기본에 충실하더라고요. 그것이 계기가 되어 기본으로 돌아가야겠다는 생각을 했어요. 서울에 와서 갈증을 풀어주고 땀으로 빠져나가는 미네랄과 비타민을 보충하는 것을 목표로 빙수를 개발했죠.

Q 쉬는 날 먹고 싶은 음식은 무엇인가요?

A 부담 없이 먹을 수 있는 편안한 음식이요. 지금도 쉬는 날 아침에는 과일과 요거트 정도로 가볍게 먹고 있어요.

Q 가장 좋아하는 음식은 무엇인가요?

A 어머니가 해줬던 음식이죠. 음식의 절반은 추억이라고 생각하는데, 유년시절에 먹었던 음식을 생각하면 당시의 소소한 일상까지 떠올라 마음이 따뜻해지고 기분이 좋아지거든요.

Q 먹어봤던 음식 중 가장 충격적인 음식은 무엇인가요?

A 충격적인 음식은 아닌데, 저는 돼지머리가 너무 싫어요. 곱창같은 내장도 먹지 않죠. 세상에 먹을 것이 그렇게나 많은데 굳이 머리고기나 내장까지 먹어야 하는지 모르겠어요. 물론 요리 개발을 위해 맛을 봐야 한다면 보겠지만 즐기진 못할 것 같아요. 외국에서 먹었던 메추리 요리는 좀 충격이었어요. 별다른 손질 없이 그대로 구워 나왔는데, 적나라하게 드러난 그 모양이 너무 싫더라고요.

Q 여러 나라를 다니며 접했던 현지 문화나 음식을 이용해 새로운 요리를 개발하기도 하나요?

A 그럼요. 괜찮은 음식을 발견하면, 우선 왜 이런 요리를 만들었을까 의도를 생각해 보고 주된 맛은 무엇인가, 부가적인 맛은 무엇인가 등을 분석하죠. 그리고 나서 가장 큰 축을 이루는 맛은 지키되 우리나라의 현실에 맞게 바꿀 수 있는 건 바꿔보기도 해요. 처음

엔 그대로 재현했다가 변화를 줘가며 여러 가지 시도를 해 보는 거죠. 연구에 따르면 우리나라 사람들의 경우 상당수가 생소한 요리는 잘 먹지 않으려는 경향이 있대요. 그런 심리분석 결과도 고려하며 친숙하게 다가갈 수 있는 요리를 개발하고 있죠.

Q 외국에서 먹었던 것 중 가장 인상적인 음식은 무엇인가요?

A 뉴욕에 갔을 때 미슐랭 가이드에 올라간 레스토랑에서 식사를 한 적이 있어요. 괜찮은 요리들이 나왔지만 그곳보다는 맨해튼이라는 그 치열한 전쟁터에서 살아남은 소호의 작은 가게들이 더 생각나더라고요. 숨은 맛집이 많았거든요. 피자 한 가지만 파는 곳도 있었죠. 정말 맛있게 먹고 계산을 하려고 카드를 내밀었는데 현금만 받아서 주머니에 있는 잔돈을 탈탈 털어 간신히 돈을 냈던 기억도 나네요.

Q 미슐랭 가이드가 뭔가요?

A 미슐랭 가이드란 프랑스의 타이어 회사인 미슐랭사에서 발간하는 레스토랑 평가서예요. 타이어 구매 고객에게 무료로 나눠줬던 자동차 여행안내서에서 출발했죠. 별 개수로 등급을 표시하는데, 별 세 개가 가장 높은 등급이에요. 음식은 물론 서비스와 청결 상태

맨해튼이라는 그 치열한 전쟁터에서 살아남은 소호의 작은 가게들이 더 생각나더라고요.
숨은 맛집이 많았거든요.

등을 평가하는 것으로 알려졌으나 상세한 기준은 비밀이라고 하죠. 그러다 보니 최근엔 불명확한 기준에 대한 뒷말이 많더라고요.

Q 특별히 좋아하는 재료가 있나요?

A 저는 과일과 채소, 소고기, 해산물을 좋아해요. 그중에서도 해산물을 가장 좋아하죠. 해산물 같은 경우 살아 있는 신선한 재료만 사용하고 있어요. 수족관이 있어서 주문이 들어오면 바로 잡아서 요리를 하고 있죠. 숙성이 필요한 경우에는 미리 잡아서 숙성을 해 놓고요. 해산물은 손질 방법이 까다롭고 규격화되어 있지 않아 다루려면 다소 번거롭지만 특유의 향과 맛이 살아있어 좋아하는 식재료예요.

Q 좋은 식재료를 구분하는 노하우가 있을까요?

A 본래 가지고 있는 향이 살아 있고, 색이 선명한 게 좋은 재료예요. 버섯이면 버섯의 향이, 과일이면 과일의 향이 살아있어야 하죠. 고기의 경우 윤기가 흐르고 육즙을 머금고 있어야 하고요. 전에 한 번 고기를 잘못 선택하는 바람에 큰일이 날뻔한 적이 있었어요. 굉장히 중요한 VIP 행사가 있어 백화점에서 비싼 고기를 샀는데요. 구워보니 육즙이 없고 퍽퍽하더라고요. 어떻게 잘 마무리는 됐는

피자 한 가지만 파는 곳도 있었죠. 정말 맛있게 먹고 계산을 하려고 카드를 내밀었는데
현금만 받아서 주머니에 있는 잔돈을 탈탈 털어 간신히 돈을 냈던 기억도 나네요.

데, 그다음부터는 고기든 생선이든 전수검사를 하게 되었어요. 실제 손님에게 낼 때와 똑같은 조건에서 구워 맛을 본 후 괜찮으면 그대로 준비하고 그렇지 않으면 반품을 시키고 있죠.

Q 재료를 공급하는 업체가 따로 있지 않나요?

A 그럼요. 특별한 경우에는 백화점 등에서 구매를 하지만, 평소에는 호텔이 지정한 업체에서 재료를 공급받고 있죠. 저는 늘 돈을 더 줄 테니 최상급의 재료를 가져다 달라고 요청하고 있어요. 요리에서 중요도를 따진다면 기술이 3, 재료가 7이라고 생각하거든요. 절대적으로 식재료가 좋아야 하기 때문에 신선한지, 재료 본연의 맛이 나는지 까다롭게 선별하고 있죠.

Q 처음 요리를 시작할 때 불이나 칼이 무섭다면 어떻게 해야 하나요?

A 저는 지금도 불과 칼이 무서워요. 그동안 이 일을 하면서 주방에서 화재가 나는 것도 봤고, 칼에 큰 상처를 입는 것도 봤죠. 저 역시 칼질 도중 손가락 마디를 다치는 바람에 그 부분만 감각이 없어요. 저만 그런 게 아니라 셰프들 대부분이 칼에 손을 베여본 경험이 있을 거예요. 불과 칼이 무서운 건 당연한 감정이라고 받아들이고,

아무리 연습을 해도 안전사고는 일어날 수 있으니 늘 주의하고 조심하는 것 밖에는 방법이 없어요.

Q 신입은 정말로 허드렛일만 하나요?

A 신입에게 어떤 요리를 시킬 수 있겠어요? 어쩔 수 없이 그들이 할 수 있는 일을 찾다 보니 청소나 설거지 등을 시키는 것이죠. 허드렛일이라고 중요하지 않은 것은 아니에요. 주방을 깨끗이 청소하고 기물을 잘 닦지 않으면 청결한 주방을 만들 수 없잖아요. 남들이 볼 땐 하찮은 일 같지만 반드시 필요한 과정이라고 생각해요.

Q 셰프를 꿈꾸는 청소년에게 추천하고 싶은 책이 있다면요?

A 마크 쿨란스키의 자녀 교육 방식을 다룬 『더 레시피』란 책을 추천하고 싶어요. 마크 쿨란스키의 집에서는 일주일에 한 번씩 함께 요리를 했는데요. 가족이 모두 모여 지구본을 돌리고 딸이 어느 한 부분을 콕 찍으면, 그 손가락이 닿는 곳에 따라 그날의 저녁 메뉴가 정해졌다고 해요. 이국적인 요리를 만들며 음식과 관련된 이야기는 물론 문화와 역사, 언어, 정치 등 다양한 주제로 대화를 나누었죠. 요리가 놀이이자 교육이 되고, 가족 간의 유대감을 고양시키는 역할을 할 수 있다는 걸 재미있게 보여줘요. 우리의 일상에 대

한 모든 사유는 책을 통해 가능하다고 생각해요. 이 책뿐만 아니라 다양한 분야의 책 읽기를 통해 생각을 넓히고, 타인에게 더 공감할 수 있는 사람이 되었으면 해요. 다른 사람을 위해 음식을 만드는데, 사람들에 대한 이해가 부족하다면 결코 좋은 요리가 나올 수 없으니까요.

Q 셰프를 꿈꾸는 청소년에게 추천하고 싶은 영화가 있다면요?

A 주방에서 완벽한 음식을 생산하고 안전사고가 없으려면 팀워크가 굉장히 중요해요. 팀워크가 망가지면 음식도 잘 나오지 않죠. 그래서 바쁘더라도 직원들 중 상을 당한 사람이 있으면 멀건 가깝건 꼭 가서 위로해 줘요. 힘든 일이 있을 때 옆에 있어줘야 팀워크도 더 굳건해지니까요. 그런 주제를 담은 〈더 셰프〉라는 영화가 있어요. 미슐랭 2스타라는 명예와 부를 거머쥔 프랑스 최고의 셰프 아담 존스가 주인공인데, 그는 괴팍한 성격 탓에 일자리를 잃고 기나긴 슬럼프에 빠지게 돼요. 그동안 나 혼자 잘나서 요리를 해왔던 게 아니란 걸 깨닫고 다시 옛 동료를 찾아다니며 함께 일하자고 설득하죠. 그의 제안을 받아들인 동료들과 다시 미슐랭 3스타에 도전해 나가는 얘기인데요. 영화라 다소 과장된 면이 있지만, 주방에서 벌어지는 상황을 아주 리얼하게 그려서 흥미롭게 봤어요. 협업과

팀워크의 중요성을 알려주고 싶은 후배들에게 종종 추천하는 영화예요.

셰프 유재덕 스토리

📝 어린 시절에 대한 이야기가 궁금해요.

🧑 저는 지극히 평범한 어린 시절을 보냈어요. 선생님과 부모님의 말씀대로 규칙을 잘 지키는 모범적인 학교생활을 했죠. 공부도 못한 건 아니었는데, 내가 뭘 하고 싶은지를 몰랐어요. 한마디로 꿈이 없었죠. 그게 정말 괴롭더라고요. 내가 잘하는 것이 뭔지, 내가 좋아하는 게 뭔지, 내가 뭘 원하는지 알 수가 없으니 너무 답답했거든요. 한참 후에야 셰프의 매력에 빠지게 되었고, 이 직업에 확신을 갖게 되었는데요. 꿈은 이렇게 어느 날 갑자기 찾아올 수도 있으니, 지금 당장 하고 싶은 게 없더라도 너무 조급해하지 마세요. 요즘엔 직업 체험의 기회도 정보도 많잖아요. 우선은 학교에서 하는 체험 활동이든 인터넷이나 책이든 다양한 경로를 통해 직업에 대해 이해하고, 어떤 일을 할 때 즐거운지 느껴보는 것부터 시작해 봤으면 해요.

📝 부모님은 어떤 분이셨나요?

🧑 부모님은 인텔리셨어요. 형제들도 모두 소위 말하는 좋은 대학을 졸업하고, 얘기하면 누구나 아는 회사에 입사했죠. 저 혼자만 이렇게 다른 분야에서 일을 시작하게 되었는데, 아버지는 전폭적인 지원을 아끼지 않으셨고 어머니는 제가 일을 하다 다칠까 봐 반

대를 좀 하셨어요. 아버지도 처음엔 형제들과 같은 길을 가길 바라셨죠. 아버지는 서울대 상대를 졸업하고 사업체를 운영하셨고, 어머니는 이화여대 불문학과를 졸업하고 방송국에 다니다 결혼 후 살림만 하셨는데 두 분 모두 자신의 삶에 만족하시고 자녀들 역시 그런 과정을 밟기 원하셨거든요. 그런데 제가 그 방면으로 가지 않으니 아버지께선 저를 어떻게 도와주면 좋을까 생각하셨고, 제 시대에는 셰프가 각광받을 것 같으니 그쪽은 어떠냐고 얘기해 주셨죠. 물론 당시엔 한 귀로 흘려들었지만요.

편️ 어린 시절, 특별히 기억에 남는 일이 있나요?

유️ 너무 평범하게 보내서 특별한 기억이 하나도 없어요. 사춘기를 겪은 것도 아니고, 어른들이 하는 말을 듣지 않으면 큰일 나는 줄 알고 그 흔한 반항 한 번 하지 않았거든요.

편️ 특별히 좋아했던 과목이 있었나요?

유️ 영어가 신기하고 재미있었어요. 영어로 된 책을 읽는 건 따분했지만, 다른 언어로 말한다는 게 새롭고 즐거웠죠. 과학도 좋아해서 시험을 보면 거의 만점을 받았고요.

🔲 대학생활은 어땠나요?

🔲 정말 열심히 살았죠. 대학 입학시험 성적이 기대만큼 좋지 못했는데, 아버지가 하시던 사업이 어려워지는 바람에 재수까지 지원해 줄 능력은 안 된다고 하셨어요. 그럼 성적에 맞춰서 지방 국립대에 가야겠다고 마음먹고, 가장 가까운 청주 소재 대학에 지원하게 되었죠. 합격은 했는데, 입학할 때 주는 장학금을 타지 못했어요. 자존심이 상하더라고요. 남들은 공부하러 서울로 올라오는데, 저는 오히려 지방으로 내려와 장학금도 타지 못했잖아요. 속이 상해 시간이 나면 바로 도서관으로 갔어요. 꽤 열심히 공부했더니 그 뒤론 계속 장학금을 받으며 다닐 수 있었죠. 가족과 떨어져 살아 혼자 지내는 시간이 많다 보니 공부를 하지 않을 땐 졸업 후의 미래를 고민하는 일도 많았고요.

🔲 진로 선택 시 가장 중요하게 생각한 것은 무엇이었나요?

🔲 물론 적성과 재미죠. 요리를 하면 행복해지니 평생 할 수 있겠다고 생각해서 이 일을 선택하게 되었어요. 가족들도 응원을 많이 해줘서 그 결정을 굳히는 데 도움이 되었고요.

편. 어떤 과정을 거쳐 이 직업을 갖게 되었나요?

유. 식품공학을 전공한 경우 보통 식품회사에 취업을 하는데요. 그런 회사들은 11월 정도에 공채로 신입 직원을 채용해요. 저도 그즈음 식품회사 입사 준비를 하고 있었는데, 맹장수술을 하는 바람에 한 달 반을 병원에서 보내게 되었죠. 퇴원을 하고 나오니 채용 공고는 모두 마감이 되어서 어쩌나 싶었는데, 아버지가 호텔에 지원해 보라고 조언을 해주셨어요. 다행히 연락이 와서 졸업 후 바로 이 길로 들어설 수 있었죠.

편. 이 분야의 전문가가 되기까지 얼마나 걸리셨나요?

유. 어느 정도를 해야 전문가라고 하는지는 모르겠지만, 한 분야에서 전문가 소리를 들으려면 최소한 10년 이상을 종사해야 한다고 생각해요. 물론 같은 10년이라 하더라도 어영부영 보내는 사람도 있고, 그 시간을 최대한 밀도 있게 보내는 사람도 있겠지만요. 어쨌든 한 분야에서 그 정도의 시간은 보내야 지식과 경험이 풍부한 전문가가 될 수 있지 않을까요?

편. 직업관을 형성하는 데 도움을 준 책이나 영화가 있을까요?

유. 앞서 얘기했던 로산진의 평전에서 많은 영향을 받았어요. 인간에 대한 진실한 마음과 재료 본연의 맛, 청결의 중요성 등 그 사람의 철학에 깊이 공감하면서 제 직업관에 확신을 갖게 되었죠. 제 책 『독서 주방』은 그동안 인상적으로 읽었던 책들과 음식, 인생에 관한 이야기인데요. 출퇴근 시간이나 퇴근 후 집에서 틈틈이 책을 읽고, 인생에 대해 깨달은 것들을 적어나갔어요. 『독서 주방』에 등장하는 책들도 제가 셰프로서 또는 한 명의 인간으로서 나아가야 할 방향을 제시해 주었죠.

영화나 드라마의 경우 다양한 문화와 세계관을 이해하는 계기가 된 작품이 몇 편 있어요. 먼저 일본 영화인 〈심야 식당〉과 〈남극의 셰프〉, 중국 영화인 〈금옥만당〉, 〈식신〉은 모두 음식을 다룬 작품이라 요리하는 장면이 많이 나오는데요. 그러다 보니 가정식 요리부터 화려한 만찬 요리까지 음식이 만들어지는 과정을 아름다운 영상으로 볼 수 있었죠. 요리의 기술은 물론 음식을 대하는 태도도 엿볼 수 있었고, 다 보고 나니 마치 저를 응원해 주는 것 같아 마음이 푸근해졌어요. 영화에는 음식이 유일한 낙이 되어버린 사람들이 나오는데, '너도 사람들에게 저런 한 끼를 만들어 주고 있잖아, 계속해서 사람들에게 마음이 풍성해지는 음식을 만들어 줘!' 하는 응원처럼 들렸거든요. 요즘은 일본 드라마 〈고독한 미식가〉를 즐겨 보고 있어요. 수입 잡화상을 운영하는 주인공 고로는 여러 마을을 방문하며 고객을 만나고, 일이 끝나면 혼자 밥을 먹죠. 홀로 식사를 하기 때문에 대화는 거의 없지만 표정만으로도 그 음식이 얼마나 맛있는지 느껴져요. 음식에 대한 설명도 나오는데, 꽤 구체적이라 그것만 봐도 음식에 대해 배울 수가 있고요.

미국 영화 〈라따뚜이〉는 인식의 전환을 가져다준 작품이었어요. 미식가 쥐의 요리사 도전기를 다룬 즐거운 영화인데요. 쥐는 주방에서 퇴치해야 할 존재인데, 쥐가 요리사를 꿈꾸다니 설정부터 재미있죠. 프랑스 최고의 비평가인 이고는 평범한 프랑스 가정식인 라따뚜이를 먹고 감동을 받아요. 그런데 이런 감동을 준 이가 바로 쥐라는 것을 알고 진실이란 무엇인가 고민하게 되죠. 고민 끝에 누구나 요리할 수 있다는 진실에 동의하게 되고요. 그리고 이런 대사를 읊어요. "모든 사람이 위대한 예술가가 될 수 있는 것은 아니다. 그러나 위대한 예술가는 어디에서든지 나올 수 있다." 평범하지만 뻔인힌 음시에 대하 확신과 편견을 버리고 서로를 바라봐야 한다는 믿음을 다시 한번 확인할 수 있는 작품이었어요.

🈮 첫 출근 날, 기억나세요? 어떤 생각이 들었는지 궁금해요.

🈵 하얀 조리복을 입고 주방에 들어서니 세상을 다 가진 거 같았어요. 제가 그토록 원했던 일이니 얼마나 기뻤겠어요. 일을 시작하

기 전에 다짐을 했죠. '나는 절대 포기하지 않고 달려 반드시 셰프가 될 것이다.'라고요. 당시엔 앞으로 한 3년 정도 열심히 일하면 되겠거니 했어요. 그 기간이면 소스 몇 개는 배울 것이고, 그게 가게를 차리고 셰프가 되는 데 도움이 될 거라 생각했거든요. 그런데 하다 보니 3년이 4년이 되고, 4년이 5년이 되더라고요. 하나를 배우면 다른 걸 배워야 하고, 그걸 배우면 또 다른 걸 배워야 하고, 배울 것이 끊임없이 나왔죠. 처음부터 이럴 계획은 아니었는데, 계속해서 배움을 이어가다 보니 30여 년이 흘렀네요.

편 셰프님이 생각하는 본인의 장점과 단점은 무엇인가요?

유 제 장점은 포기를 모른다는 거예요. 목표한 것이 있으면 될 때까지 하는 성격이죠. 그런데 살다 보면 빨리 포기해야 하는 것도 있잖아요. 그게 되질 않으니 놔줘야 할 타이밍을 놓치는 때가 좀 있어요. 그러니 그게 제 장점이자 단점인 거죠.

편 꿈꾸던 것을 이루고 있다고 생각하세요?

유 그럼요. 이렇게 셰프가 되었잖아요. 주방에서 일하는 셰프의 모습을 보고 내가 그렇게 찾아 헤맸던 것이 바로 저거란 걸 강렬하게 느낀 후 주방을 책임지는 셰프가 되기까지 참 오랜 시간이 걸렸네요. 요리를 만드는 것이 재미없었다면 그 고되고 힘든 과정을 결코 견디지 못했을 거예요.

편 자녀가 있다면 권할 만한 직업인가요?

유 큰 아이가 대학교 3학년, 작은 아이가 중학교 2학년인데요. 본인들이 원한다면 지지해 줄 생각은 있어요. 그런데 아이들 꿈이 계속 바뀌더라고요. 새로운 세계를 만나게 될 때마다 다른 꿈이 생기는 것 같은데, 그럴 때마다 네 생각대로 가라고 응원해 주고 있죠. 그 나이에 확고한 게 뭐가 있겠어요. 저 역시 식품공학을 전공하고 관련 업무를 하다 요리를 하겠다고 한 게 스물여섯 살쯤이었어요. 당시의 저보다 어린 아이들이라 정말 확실한 꿈이 나타날 때까지는 많이 보고 많이 듣고 많이 느끼라고 얘기해 주는 게 다예요.

편 그밖에 관심을 가지고 활동하는 분야가 있을까요? 혹은 최근 새롭게 도전하는 분야가 있나요?

유 요리 외에는 책을 읽고 글을 쓰는 게 가장 행복해요. 처음엔 칼 대신 펜을 잡는다는 게 두렵기도 했는데, 꾸밈없이 정직하게 써 나가다 보니 그리 어렵지만은 않더라고요. 그렇게 시작한 글쓰기를 통해 또 다른 세상을 만난 것 같아요. 신문에 서평을 쓰고 그 글들을 모아 『독서 주방』이란 책을 내면서 언론·출판 관계자들과도 만나게 되었는데요. 매일 요리하는 사람들만 만나다 다른 세계에 있는 분들을 만나는 것도 신선했어요. 평소에는 잘 나눌 수 없었던 책과 문화에 대해 이야기하는 게 굉장히 새롭고 즐겁더라고요. 서평을 계속 쓰고 있으니 그걸 모아 『독서 주방 2』를 낼 예정이고요. 그 이후에도 요리와 관련된 테마를 기본으로 한 흥미로운 콘텐츠의 책을 내고 싶어요.

📓 셰프로서 앞으로 어떤 목표를 갖고 계시나요?

😀 저만의 시그니처 메뉴를 좀 더 만들고 싶어요. 저만의 메뉴를 찾는 게 쉬운 일은 아니에요. 피카소는 자신만의 그림을 그릴 때까지 수만 장의 그림을 베껴 그렸다고 하죠. 요리도 마찬가지예요. 선배들이 했던 수많은 음식을 만들어 보면서 나만의 요리를 찾아가야 하죠. 아이디어 하나로 뚝딱 만들어지는 것이 아니라, 그런 과정을 거쳐야만 고유의 시그니처 요리가 탄생하거든요. 나중에 은퇴를 하게 되면 시작할 비즈니스 모델을 구상하는 것도 장기적인 목표예요. 보통 체인 사업의 경우 본부가 주로 돈을 버는 구조인데, 점포와 함께 상생할 수 있는 사업체를 만들고 싶어요. 사업체로서 이윤을 남기는 것도 필요하지만, 함께 돈을 버는 것, 이 일을 통해

사회에 공헌하는 것도 중요하게 생각하거든요.

더불어 뭔가를 배우고 싶어도 돈이 없어서 배우지 못하는 친구들에게 도움을 줄 수 있는 방법도 찾고 있어요. 아직 구체적으로 계획이 세워진 건 아니라, 제 이런 생각을 지인들과도 의논하고 있는데 많은 분들이 응원해 주시고 있죠. 책을 내는 것도 처음엔 친구들과 가볍게 얘기하며 시작됐어요. 그런데 이렇게 두 번째 책까지 쓰게 되었죠. 꿈이 현실로 이루어지는 것을 겪으면서, 어떤 상황이 오든 똑바로 중심을 잡고 밀고 나가면 5년이 됐든, 10년이 됐든 꿈은 이루어질 수 있다는 것을 믿게 되었어요. 앞서 얘기한 목표도 이룰 수 있도록 굳건하게 중심을 잡고 한 발 한 발 나아가 보려고요.

편 마지막으로 셰프를 꿈꾸는 청소년들에게 하고 싶은 이야기가 있다면요?

유 요즘엔 꿈이 없는 청소년이 많다고 해요. 저 역시 어려서는 제가 뭘 원하는지 잘 몰랐어요. 성인이 되고 나서야 셰프라는 확실한 꿈을 가지게 되었죠. 그런 친구들에게 이 책을 통해 이런 세계도 있다는 걸 알려주고 싶어요. 셰프라는 꿈이 있지만 마치 안갯속에 있는 듯 길이 잘 보이지 않았던 친구들에게는 좋은 안내서가 되길 바라고요. 그리고 하나 더, 꿈이 있다면 포기하지 말고 계속해서 달려

Job
Propose 33

가라고 말하고 싶어요. 지향하는 곳에 도달하기 위해 열정을 가지고 노력하면 언젠간 가게 되더라고요. 책을 보든 스승을 찾아가든 자신만의 방법을 찾아 열심히 달려가세요. 저는 후배들에게 특히 책과 친해지는 것을 추천해요. 책 속에 진리가 있다는 오래된 말에 전적으로 동감하거든요. 여러분이 꿈을 갖고 그 꿈에 다가서도록 저도 응원할게요.

청소년들의 진로와 직업 탐색을 위한
잡프러포즈 시리즈 33

기쁨과 위안을 주는
멋진 직업
셰프

2020년 9월 23일 | 초판1쇄
2024년 4월 1일 | 초판3쇄

지은이 | 유재덕
펴낸이 | 유윤선
펴낸곳 | 토크쇼

편집인 | 박가영
디자인 | 이민정
마케팅 | 김민영

출판등록 2016년 7월 21일 제2019-000113호
주소 | 서울시 마포구 월드컵북로98, 2층 202호
전화 | 070-4200-0327
팩스 | 070-7966-9327
전자우편 | myys327@gmail.com
ISBN | 979-11-88091-98-0 (43190)
정가 | 15,000원